Uma Tranqüila Transição

Dr. Bruce Goldberg

Uma Tranqüila Transição

A ARTE DA MORTE CONSCIENTE E DA LIBERTAÇÃO DA ALMA

Tradução
ADAIL UBIRAJARA SOBRAL
MARIA STELA GONÇALVES

EDITORA PENSAMENTO
São Paulo

Título do original:
Peaceful Transition

Copyright © 1997 Dr. Bruce Goldberg.

Publicado originalmente por Llewellyn Publications,
St. Paul, MN 55164-0383, USA.

As citações do Compêndio dos *Theological and Spiritual Writings of Emanuel Swedenborg* são usadas com permissão da Swedenborg Foundation, West Chester, PA. A reprodução do detalhe de "Ascenso ao Empíreo", de *Visions of the Hereafter*, de Hieronymus Bosch, é usada com permissão graças a acordo com Alinari/Art Resource, Nova York.

A Llewellyn Worldwide não participa das transações comerciais privadas entre os autores cujos livros edita e o público, não as endossando nem tendo nenhuma autoridade ou responsabilidade sobre elas.

Toda correspondência dirigida ao autor é enviada a ele, mas o editor não pode, exceto se lhe forem dadas instruções específicas, fornecer endereços ou números de telefone dele.

Edição	Ano
1-2-3-4-5-6-7-8-9	99-00-01-02-03-04

Direitos de tradução para a língua portuguesa
adquiridos com exclusividade pela
EDITORA PENSAMENTO LTDA.
Rua Dr. Mário Vicente, 374 — 04270-000 — São Paulo, SP
Fone: 272-1399 — Fax: 272-4770
E-mail: pensamento@snet.com.br
http://www.pensamento-cultrix.com.br
que se reserva a propriedade literária desta tradução.

Impresso em nossas oficinas gráficas.

A Morte Consciente: O processo de manutenção de um vínculo entre a alma e o Eu Superior, no momento da morte física, a fim de assegurar a chegada da alma ao plano anímico sem a interferência das forças desorientadoras do ciclo kármico. Essa técnica pode ter como resultado a imediata libertação da necessidade de reencarnar por parte da alma.

LIBERTE A SUA ALMA

Todos sabemos que é possível fazer a opção por melhorar a maneira como vivemos, mas podemos optar por melhorar a maneira como morremos? O doutor Bruce Goldberg afirma que sim e que, ao fazer isso, podemos ascender aos planos superiores e libertar a nossa alma da servidão que lhe impõe o karma.

Morrer sem perder a consciência é a própria essência da iluminação e da imortalidade. A história está repleta de referências à morte consciente, o que inclui *O Livro Tibetano dos Mortos* e *O Livro Egípcio dos Mortos*, as Escolas de Mistério gregas e até a Bíblia. Ensinavam as antigas disciplinas que, se a alma pudesse manter a ligação com sua contraparte perfeita (o Eu Superior) no momento da morte, ela teria como recompensa a eterna bem-aventurança.

A morte consciente traz vários benefícios: você pode reduzir o seu ciclo kármico (o que resulta num número menor de vidas remanescentes) e, ao mesmo tempo, aprimorar a qualidade das vidas que lhe resta viver. Nesta vida, você poderá usufruir da lembrança imediata de vidas passadas, ao lado de um aumento de faculdades extra-sensoriais, ao mesmo tempo em que irá passar por uma fenomenal evolução espiritual que irá desfazer para sempre seu medo de morrer.

Este livro apresenta dois conceitos e técnicas *sui generis*. Um deles é a "purificação", e, o outro, a Experiência Consciente Fora do Corpo (ECFC). Você vai aprender o que pensar, sentir, dizer e como agir no momento da morte. Vai ler relatos reais de pacientes que usaram com sucesso essas técnicas e terá a oportunidade de praticar a técnica da morte consciente por meio da auto-hipnose e de exercícios de meditação.

No livro *A República*, Platão disse: "Praticai o morrer." Agora você pode praticar o morrer para assim poder aperfeiçoar o viver.

AGRADECIMENTOS

Eu gostaria de expressar (conscientemente) minha gratidão eterna aos sábios do Oriente, ao doutor Raymond Moody (amigo e colega) e a todos os que pesquisam as Experiências de Quase-Morte (EQM), bem como aos milhares de pacientes que tive o prazer de treinar no campo da evolução espiritual e da morte consciente. Do mesmo modo, reconheço a dívida que contraí com os físicos quânticos, que assentaram todo o campo da parapsicologia sobre firmes alicerces.

SOBRE O AUTOR

O doutor Bruce Goldberg é bacharel em biologia e química, é cirurgião-dentista e pós-graduado em Aconselhamento Psicológico. Aposentou-se da odontologia em 1989, tendo se concentrado desde então em sua prática de hipnoterapia em Los Angeles. O treinamento do doutor Goldberg nas técnicas e aplicações clínicas da hipnose foi realizado na American Society of Clinical Hypnosis.

O doutor Goldberg foi entrevistado nos programas de Donahue, Oprah, Joan Rivers, em The Other Side, e nos programas de Regis e Kathie Lee, Tom Snyder, Jerry Springer, Jenny Jones e Montel Williams, bem como pela CNN, pelo CBS News e muitos outros.

Por meio de palestras, programas de rádio e televisão e artigos de jornal, incluindo entrevistas para a *Time*, *The Los Angeles Times* e *The Washington Post*, o doutor Goldberg tem despertado em muitas pessoas a consciência dos benefícios da hipnose. Ele dirigiu mais de 33 mil regressões e progressões a partir de 1974, tendo ajudado milhares de pacientes a assumir o controle do seu próprio destino por meio dessas técnicas. Suas fitas cassete ensinam auto-hipnose às pessoas e as levam a conhecer suas vidas passadas e futuras. Ele faz conferências e dirige seminários sobre hipnose, terapia da regressão e da progressão e morte consciente. É ainda consultor de empresas, de juristas e de meios de comunicação locais e nacionais. A primeira edição do seu livro *The Search for Grace* transformou-se em filme para televisão na CBS. Seu terceiro livro, *Soul Healing*, é um clássico em medicina alternativa e desenvolvimento de faculdades paranormais. O doutor Goldberg mantém a coluna "Hypnotic Highways" na revista *FATE*.

O doutor Goldberg comercializa fitas cassete que ensinam auto-hipnose e levam as pessoas a conhecer suas vidas passadas e futuras. Para informações sobre fitas de auto-hipnose, palestras ou sessões particulares, contate diretamente o doutor Goldberg por escrito no endereço:
Bruce Goldberg, D.D.S., M.S.
4300 Natoma Avenue
Woodland Hills, CA 91364
Telefone: (800) KARMA-4-U ou (800) 527-6248
Fax: (818) 704-9189
Favor incluir em sua carta um envelope endereçado a você mesmo e selado.

Sumário

Prefácio 11

PARTE I
A Arte e a Ciência da Morte Consciente

1. O Que é Morte Consciente? 17
2. Experiências de Quase-Morte 25
3. O Ciclo do Nascimento e da Morte 37
4. As Atuais Atitudes com Relação à Morte 49
5. O Eu Superior 55
6. A Consciência 65
7. A Morte e a Nova Física 75
8. Os Estágios do Morrer 79
9. A Experiência Fora do Corpo 83

PARTE II
A Prática da Morte Consciente

10. Técnicas de Morte Consciente 95
11. O Momento da Morte 107
12. A Escolha de Sua Próxima Vida 115
13. A Morte Consciente de uma Mãe com o Filho 125
14. Uma Morte Consciente no Hospital 129
15. Um Exemplo Documentado de Morte Consciente 133
16. Sua Própria Transição 137
17. O Seu Papel ao Cuidar de Outras Pessoas 143

PARTE III
Morte Consciente — Uma Nova Abordagem

18. Abordagens da Morte Consciente no Curso da História 153
19. *O Livro Tibetano dos Mortos* 159
20. *O Livro Egípcio dos Mortos* 167
21. As Escolas de Mistério Gregas 177
22. As Missas Cristãs 187
23. Emanuel Swedenborg Fala da Morte 197
24. O Que Diz a Teosofia Sobre a Morte 207
Conclusão 213
Glossário 218
Bibliografia 222

AO LEITOR

Foi usada, às vezes, por convenção, a forma masculina. Quando aplicável, quer ela referir-se tanto ao sexo masculino como ao feminino.

Alguns detalhes dos casos relatados foram alterados para proteger a privacidade dos meus pacientes. Todos os nomes usados, exceto os das celebridades mencionadas, foram alterados. Todas as outras informações contidas nestas páginas são verdadeiras.

Prefácio

Este livro é um guia para os vivos — antes, durante e depois do término do processo de viver, erroneamente designado por "morte". Ele se destina ao uso de todos, pouco importando a inclinação ou crença religiosa das pessoas.

Seu principal objetivo é ajudar a pessoa a passar pelo processo de morte sem perder a consciência. Morrer conscientemente parece ser a própria essência da imortalidade e da libertação da alma ou iluminação — a forma última de controle do próprio destino pelo homem. Este livro procura ainda ajudar o leitor a manter a integridade e a continuidade da consciência depois da morte, no decorrer do estado intermediário entre a morte e o renascimento e ao longo do processo do renascimento.

O tema principal desta obra é: a Morte Consciente é a chave que vai abrir a porta que transcende o ciclo kármico e leva a alma ao paraíso, ao nirvana ou ao que quer que o sistema de crenças da pessoa afirme ser o seu destino último. Esse sistema funciona inclusive com ateus.

O ato de impedir a perda da consciência no momento da morte vai produzir uma "purificação" espiritual. Purificação é a capacidade de passar conscientemente pela morte, pelo nascimento, pelo período que separa a morte e o renascimento, reconstituindo a corrente interrompida da consciência ao longo de todas as alterações importantes da consciência e ajudando a restaurar a integridade do verdadeiro ser da humanidade. Isso resulta na libertação do ciclo da vida e da morte, também conhecido como ciclo kármico. Outra designação dessa purificação é a Experiência Consciente Fora do Corpo (ECFC).

O que pensar, o que sentir, o que dizer e como agir, principalmente no momento da morte, mas também antes e depois dela — eis o que este livro vai lhe mostrar. Será apresentado um relato documentado do caso de um paciente que usou com sucesso essas técnicas, além de exercícios que você pode praticar se quiser usar este livro como guia para a sua própria transição. Lendo e aplicando os princípios e as técnicas aqui apresentados, você vai obter uma visão mais abrangente da questão mais intrigante que a humanidade tem diante de si. Esse enigma é: como libertar a alma do entediante e doloroso ciclo da morte e do renascimento.

Este manual tem três propósitos principais. Em primeiro lugar, é um manual técnico sobre a arte de morrer. Em segundo, é um livro que dá forças a quem está à beira da morte e aos seus entes queridos. Em terceiro, descreve as experiências da pessoa que morreu, no período intermediário de sua transição, instruindo a alma com respeito a essa jornada. É uma espécie de guia de viagem a outros mundos.

Muitos praticam golfe, jogam tênis, usam computadores e tocam instrumentos musicais. As pessoas não praticam o morrer, elas simplesmente morrem — o que designo pela expressão "morte inconsciente". O desconhecimento dos conceitos metafísicos envolvidos é a principal razão pela qual não praticamos o morrer.

Para ser sincero, sinto que, se a média das pessoas tomasse conhecimento da morte consciente e de suas muitas vantagens diante da morte inconsciente, este livro seria desnecessário. É lamentável que seja preciso fazer uma compilação como esta para educar o público de uma maneira que o assista em sua própria libertação.

A História está repleta de referências à morte consciente. O Novo Testamento, especialmente 1 Coríntios, fornece provas adicionais da existência dessa disciplina:

A carne e o sangue não podem herdar o Reino de Deus. Nem todos dormirão, mas todos serão transformados.

Num átimo, num piscar de olhos, ao soar da última trombeta; porque a trombeta vai soar e os mortos ressuscitarão incorruptos, e todos seremos transformados.

Quando, pois, este ser corruptível tiver revestido a incorruptibilidade e este ser mortal tiver revestido a imortalidade, então cumprir-se-á a palavra da Escritura: A morte foi absorvida na vitória.[1]

Fazemos na Parte III um relato histórico mais detalhado da morte consciente.

A solução simples para essa libertação da alma foi dada por Platão ao fazer a injunção "praticai o morrer". Podemos fazer isso aprendendo a morrer sem perder a consciência. As técnicas fornecidas no capítulo 10 são bem abrangentes e incluem exemplos tanto de meditação como de auto-hipnose. O uso diário dessas disciplinas será uma preparação mais do que suficiente para a sua inevitável transição.

O nosso problema principal advém da maneira como pensamos. Vivemos num mundo dominado pela ignorância e pela incompreensão. Há quem diga

---

1. São Paulo, 1 Coríntios 15: 51-56.

que agimos como se fôssemos a um só tempo três pessoas. A primeira é a pessoa que pensamos ser. A segunda é aquela que os outros pensam que somos. E a terceira é quem realmente somos.

As duas primeiras partes compõem o nosso ego: a base da nossa maneira imprópria de pensar, de sentir e de agir. O ego é uma criação da mente consciente (mecanismo de defesa). O "eu inconcebido" (o verdadeiro eu) é criado pela energia de Deus. Trata-se da nossa mente subconsciente (alma), em especial na sua ligação com a mente supraconsciente (o Eu Superior), que é uma extensão da energia de Deus. Eis por que é tão importante manter essa ligação no momento da morte física e, por conseguinte, da morte consciente.

Quem discorda disso, julgando que o eu é uma réplica perfeita daquilo que de fato cada um de nós é, deve levar em conta o seguinte. Acaso se sentiriam senhores de si e felizes se esse ego fosse alguma espécie de identidade ilusória projetada numa existência física temporária e criada pela mente?

A ciência alimenta essa ignorância. Incapaz de libertar-se de sua consciência condicionada, ela atesta oficialmente essa falsa identidade por meio de doutrinas intelectuais, empíricas e materialistas. Nenhum desses princípios consegue aprovação nos testes de realidade bem estabelecidos pela física quântica. Essa nova física demonstra que é a consciência ou a mente subconsciente que criam efetivamente a realidade.

Essa ilusão de identificação com o corpo físico é tida como fato científico pela ciência ocidental. Como parte dessa ilusão, submete-se o público a uma lavagem cerebral que o leva a pensar que:

- A alma não existe.
- Só existe a vida física. Não há vida pós-morte.
- A consciência é um componente do cérebro físico e deixa de existir quando o corpo morre.

Só por meio da consciência e do conhecimento poderemos vencer essa ignorância. Sócrates disse: "Conhecimento é virtude." "Conhecimento é poder" — eis as palavras de Francis Bacon. Jesus disse: "Conhecereis a verdade, e ela vos libertará." Creio que não existe nenhuma condição humana na qual essa verdade se faça mais necessária do que o momento da morte.

Podemos afastar esse temor e essa ignorância mediante a prática da morte consciente. Podemos preparar-nos para uma transição bela, espiritualmente enriquecedora e tranqüila. Podemos alcançar essa libertação da alma. Pierre Teilhard de Chardin, seguindo o pensamento de São Paulo e motivado por sua filosofia da evolução espiritual, que denominou "cristogênese", pensava estar o homem no Ponto Ômega da Evolução, o final do processo evolutivo, ponto no qual a pessoa é cristificada e atinge a libertação ou perfeição.

Há no uso dos princípios e técnicas apresentados neste livro várias vantagens. Entre elas está a compreensão dos seguintes elementos:

- As leis do karma.
- O processo concreto da morte.
- As leis do pensamento e da consciência e o seu funcionamento.
- Como não temer a morte e o morrer.
- Como não perder a consciência no momento da morte e do renascimento.
- Como invocar guias espirituais e o nosso Eu Superior para nos ajudar.
- A verdadeira natureza do ser humano.
- A verdadeira natureza da morte.
- Como não se identificar com o processo mental-emocional.
- Como não se identificar com o corpo físico.
- Como não se identificar com o ego.
- Como libertar-se do ciclo kármico.

PARTE I

A Arte e a Ciência da Morte Consciente

> ...a morte não é o fim da vida,
> nem deve causar temor;
> ela é uma transição necessária –
> uma tranqüila transição

CAPÍTULO 1

O Que é Morte Consciente?

O conceito de morte suscita duas perguntas que o tempo tem honrado. A primeira é: "Como posso evitar a morte?" A segunda é: "Como posso aceitar a morte e morrer sem medo?" É essa última meta que buscaremos atingir neste livro.

O fato de o nascimento e a morte ocorrerem muitas vezes na evolução da alma é uma noção familiar aos que seguem a filosofia budista. Na realidade, a morte e o renascimento acontecem em todos os momentos da nossa vida. A ciência moderna informa-nos que cada célula da nossa estrutura física é substituída ao menos uma vez a cada nove meses.

Todos iremos um dia passar pela morte. Saber como fazer corretamente essa mudança de dimensão requer iluminação, e apresenta muitas vantagens para a alma espiritualmente evoluída. As Antigas Escolas de Mistério, bem como *O Livro Tibetano dos Mortos*,[1] afirmam claramente que o não-iluminado não faz bem essa transição, reprimindo todo o conhecimento de suas vidas passadas. Essas duas disciplinas antigas ensinam que, caso possa manter de algum modo o vínculo com sua contraparte perfeita (o Eu Superior), a alma terá por recompensa a eterna bem-aventurança. Dou a esse vínculo o nome de morte consciente (Experiência Consciente Fora do Corpo, ou ECFC).

---

1. W.Y. Evans-Wentz, *The Tibetan Book of the Dead*, Nova York, Oxford University Press, 1960 [*O Livro Tibetano dos Mortos*, publicado pela Editora Pensamento, 1985].

Os sentidos humanos são limitados de modo decisivo. Há sons que não conseguimos ouvir, sentimentos que não podemos experimentar, objetos que não podemos ver e sabores que não estão ao alcance dos nossos órgãos gustativos. Supomos ser o ego a nossa única consciência, mas existem outras consciências, admitidas pela psicologia e pela nova física e demonstradas por iogues e santos. O fato de não compreendermos uma certa coisa não quer dizer que ela não exista. Será isso tão inconcebível que as disciplinas da ioga e da meditação, por exemplo, podem nos assistir na descoberta desse enigma da consciência? Como veremos adiante, a nova física demonstra matematicamente esses conceitos.

Ao ser receptiva ao que os antigos sempre souberam, a ciência ocidental alcançará a sintonia com a oriental. A transição para o que denominamos morte pode e deve ser acompanhada por um solene júbilo — uma tranqüila transição. A prática da morte consciente vence o medo da morte e deixa a alma verdadeiramente senhora de si.

Uma alma pode assistir a outra nessa transição. A *Fatiha* muçulmana, a *Pretashraddha* do hinduísmo e a Missa de *Requiem* do catolicismo são exemplos modernos de tentativas de morte consciente.

O moribundo deve enfrentar a morte não apenas com calma, lucidez e heroísmo, como também com um intelecto treinado e dirigido corretamente e com uma alma transcendente em termos espirituais. Isso é possível se ele tiver praticado com eficiência em sua vida ativa a arte da morte consciente. Porém, no Ocidente, em que essa técnica é pouco conhecida e raramente é praticada, há, em contraste com isso, uma recusa comum da morte.

Com a ajuda da psicologia, a mente racionalizadora do Ocidente levou ao que poderíamos chamar de neurose metafísica, tendo ido parar num inevitável beco sem saída pela suposição sem critério de que todas as coisas psicológicas são subjetivas e pessoais.

Afirmo que a humanidade inventou a morte numa tentativa de identificar-se com os mecanismos de defesa de que lança mão o ego. Só na nossa mente existe um ego separado. A nova física nos diz que criamos a nossa realidade. A morte consciente mostra como "descriar" a experiência da morte. Como podemos estar mortos se estivermos passando pela morte consciente?

A morte representa o desconhecido. Tememo-la muito e pouco a compreendemos. Todos sabem que um dia esse momento da morte vai chegar para si. É inevitável, não?

A vida é contínua e eterna. A morte pode ser vista como a porta de transição que leva de uma forma de vida a outra, ou do termo de uma fase do viver ao início de mais uma fase dessas vidas. A morte é tão natural quanto o nascimento. Num certo sentido, nascer e morrer são a mesma coisa, dando ensejo, um e outro, à renovação e à continuidade da vida.

A nova física mostra que todo o universo está num estado contínuo de fluxo. A nossa vida atual não passa de um fugidio momento de um fluxo infinito de realidade e de consciência. O propósito disso parece ser o nosso contínuo crescimento e evolução espirituais!

Só precisamos contemplar com mais atenção a natureza, ou mesmo o nosso corpo físico, para dissipar o medo de que a morte seja uma completa aniquilação, porque nada é destruído por inteiro, mas reciclado para fins de renovação. O espírito ou a individualidade de todas as coisas vivas volta outra vez à forma repetidas vezes; a cada volta, o espírito interior esforça-se pelo aperfeiçoamento da forma.

Existe uma imortalidade universal reservada ao espírito de todas as coisas. O fenômeno da recorrência ou repetição, de que vemos tantos exemplos na natureza: o adormecer e o despertar das estações, o inspirar e o expirar de todas as formas de vida, tudo isso pode ser atribuído à reencarnação.

Quando acreditamos que a vida independe essencialmente do corpo, a falta do corpo não pode significar a extinção da vida, porque a pessoa é também um ser mental, podendo passar a outro estado de ser. Existe a mesma consciência, com as mesmas emoções, impressões e imagens que a pessoa acumulou ao longo de uma vida – sua memória contém tudo isso. O pós-morte é um estado de afastamento de contatos, condições e cenas com as quais estamos familiarizados, mas esse período de descanso não significa uma cessação da vida.

Precisamos encontrar sentido no momento da morte, quando a vida já não parece ter um propósito. A nossa morte pode ter e tem sentido, traduzido no fato de que ela resulta em nova vida para todos. Ao observar o processo cíclico da natureza, podemos ver a lógica sob a idéia de que a morte é apenas parte do ciclo completo da vida terrena e do pós-morte, que a vida é eterna e perpétua. A lei natural da renovação constante demonstra que cada período de atividade é sucedido por um período de repouso.

É necessário aceitarmos a prova palpável de que a morte é inevitável para todos nós, mas não deve ser temida, porque as evidências implicam ainda ser ela um evento necessário no plano de Deus/da natureza. Não tememos a noite, pois sabemos com certeza que será seguida pelo dia – na verdade, ansiamos pela noite, pois sabemos que representa um período de descanso das nossas longas atividades diárias.

É importante lembrar que o ensinamento básico da maioria das religiões é o de que a alma humana é imortal e indestrutível. A interpretação humana errônea desse ensinamento essencial pode nos deixar um sentimento de que temos apenas uma vida a viver.

Somente em sua passagem pela Terra o homem esquece que é uma alma imortal, vivendo assim na ilusão de que é apenas seu corpo físico. Com efeito, a verdade é que o homem é um espírito e uma alma imortais que habitam um corpo temporário.

Envolvemo-nos tanto com a matéria terrena que nos esquecemos da nossa verdadeira identidade de almas imortais. Quando conseguimos nos ver como almas imortais que habitam um corpo tomado como veículo de crescimento pelas experiências, podemos tomar consciência do nosso propósito maior na vida e encarar de fato o corpo em sua realidade de templo da alma e caminho para Deus.

A alma busca as oportunidades necessárias ao seu maior crescimento por meio da reencarnação e das experiências de aprendizagem por ela propiciadas. Enquanto descansa entre uma existência e outra, a alma assimila as lições da vida anterior e, a partir de uma avaliação e de uma revisão das necessidades a serem atendidas, empenha-se em atingir essas novas metas no plano físico. A cada nova vida sucessiva, atingimos uma maior consciência do nosso propósito ao viver e, depois de muitas encarnações, superamos a necessidade de encarnar num corpo físico. Penetramos então, permanentemente, em níveis mais elevados de existência.

Se os nossos vínculos com as pessoas são de um amor altruísta — recordando-nos de que o amor é a maior força do universo —, o tempo de sua morte é o momento de demonstrar esse amor altruísta mediante o desprezo do nosso sofrimento e da falta que delas sentiremos, para não reter aqui o ente que partiu, e a liberação e a bênção das pessoas em sua nova jornada. Quando nos sentimos seguros no conhecimento de que os vínculos do amor nunca se desfazem, fica mais fácil liberar-nos do luto e do sofrimento, bem como da suposição de que os relacionamentos se dissolvem de modo permanente. Esse é igualmente o tempo de nos darmos conta de que a morte não é o fim da vida nem causa de temor, mas uma transição necessária — uma tranquila transição.

A nossa compreensão da morte se apóia na morte do nosso ego. O eu verdadeiro (alma) é eterno. Não pode morrer. Se cremos nos paradigmas clássicos sobre a morte, estaremos dando guarida a essa hipótese falsa.

Quando discutimos a morte consciente, há certos termos a ser entendidos para assimilarmos esse conceito. Ao longo do livro, vou me referir a essas idéias e desenvolvê-las, mas agora eu gostaria de estabelecer sua definição básica.

A *mente consciente* divide-se em dois componentes principais. Uma parte chama-se mente consciente propriamente dita e consiste em nossas atividades analíticas, críticas e básicas do cérebro esquerdo. Essa parte da mente morre literalmente quando o corpo físico é substituído pelo espírito, de modo que não tem relevância para a nossa discussão.

O outro componente da nossa consciência é a nossa *mente subconsciente* (o espírito ou alma), que são as nossas funções criativas, emocionais, do cérebro direito. Esse subconsciente é pura energia na forma de radiação eletromagnética, sendo indestrutível. É ele que reencarna num novo corpo quando o corpo físico morre; é a nossa alma. Embora possa ser pura energia, ele de modo algum atingiu a perfeição. O principal objetivo da reencarnação via ciclo kármico é aperfeiçoar a alma.

A *mente supraconsciente* ou *Eu Superior* é a parte perfeita da mente subconsciente. O Eu Superior vem do plano de Deus e nos dá conselhos sobre como aprimorar o subconsciente. Quando finalmente atingirmos esse ideal, o nosso subconsciente irá fundir-se com o Eu Superior e ascenderá aos planos superiores (ver capítulo 3).

Purificação é a técnica de apresentar o subconsciente ao Eu Superior de modo que disso resulte um vínculo entre os dois. Esse vínculo vai deixar que o Eu Superior eleve a qualidade da energia da mente subconsciente (taxa vibracional de freqüência) a um plano mais elevado e mais perfeito. Trata-se da principal técnica que uso com meus pacientes no consultório de Los Angeles a fim de treiná-los para a evolução espiritual e para ficarem imunes a questões a que antes eram vulneráveis. Também chamo isso de contato com a mente supraconsciente.

Esse mecanismo de purificação é também a chave da morte consciente. Mediante a manutenção desse seu vínculo com o Eu Superior, a alma pode aprender a repetir essa técnica no momento da morte. Isso vai servir-lhe para libertar-se das forças desorientadoras do ciclo kármico, que bloqueiam todas as lembranças de vidas passadas, ficando quase impossível a adaptação da alma ao mundo em seu novo corpo de maneira positiva e voltada para a evolução.

As *experiências de quase-morte* (EQMs) serão discutidas amplamente no capítulo 2, mas, para os nossos atuais propósitos, caracterizamo-las como morte inconsciente. A principal diferença entre uma EQM e a morte propriamente dita está no fato de, na primeira, a pessoa que passa pela experiência sobreviver para falar sobre ela. As EQMs são na verdade uma forma de morte, porém ela dura tão pouco que é reversível.

Nesse período, não há a formação de um vínculo entre o subconsciente e o Eu Superior. Esse fio de continuidade tão importante para a morte consciente está simplesmente ausente da EQM, sendo essa a razão pela qual a consideramos morte inconsciente.

As EQMs representam uma forma de *experiência fora do corpo* (EFC). Os outros tipos de EFC não requerem a morte física por um breve período de tempo. A hipnose dos atletas que competem em corridas, os sonhos e os estados de devaneio, ao lado dos estados induzidos por drogas e os decorrentes da reação da mente a situações de *stress* extremo são exemplos comuns de EFCs (ver o capítulo 9). Todas as EFCs são absolutamente isentas de riscos — somente a EQM pode resultar na morte física real. Esses estados são chamados de estados alterados de consciência (EACs). Usarei o termo experiência consciente fora do corpo (ECFC) para referir-me à morte consciente.

O *plano anímico* é a dimensão para a qual vamos no intervalo entre vidas a fim de avaliar a nossa mais recente vida e decidir sobre o nosso próximo lar. Discutiremos isso com mais detalhes nos capítulos 3 e 12.

A morte consciente hoje

Morrer, ou tornar-se espírito, conscientemente, é enfrentar a morte clínica sem a perda de continuidade da consciência. Trata-se da própria essência da iluminação e da imortalidade, o único caminho verdadeiro para a libertação do ciclo kármico ou da necessidade de reencarnar repetidas vezes até alcançar a perfeição.

No momento da morte, ocorre a morte clínica do corpo físico (incluindo o ego), mas a mente subconsciente (alma) sobrevive. Se ela puder manter o contato com a sua contraparte de energia perfeita (mente supraconsciente ou Eu Superior) nesse momento, a morte será vivenciada de modo literalmente consciente, e a alma (mente subconsciente) será liberada, tendo como resultado a evolução espiritual.

Mas se esse contato não for mantido (morte inconsciente), nossa alma terá perdido uma grande oportunidade de iluminação e as características mais incômodas (as forças desorientadoras) do ciclo kármico prevalecerão.

Como as mentes subconsciente e supraconsciente (Eu Superior) são na realidade energia, não é possível destruí-las. A primeira lei da termodinâmica na física afirma claramente que não se pode destruir energia, mas apenas alterar a sua forma. Por exemplo, a luz pode ser transformada em energia elétrica ou calor, mas a quantidade total de energia de que vamos dispor nessa sua nova forma será igual à luz com que contávamos no início do processo.

O subconsciente e o Eu Superior são, na verdade, radiação eletromagnética. Esse tipo de radiação inofensiva é o que constitui o sinal de tevê ou de rádio.

Voltando ao conceito de morte consciente, remeto à Figura 1. Observe por favor que a energia de Deus acompanha todo o processo. O plano anímico é aquele para onde vai a alma no intervalo entre uma vida e outra a fim de decidir acerca de sua próxima vida (ver os capítulos 3 e 12).

No plano anímico, a maioria das almas sente as forças desorientadoras dos planos inferiores (leia mais sobre o conceito de plano no capítulo 3) e passa por um renascimento inconsciente num corpo físico. Quase todas as lembranças de suas vidas passadas e de sua gestação no plano anímico se perdem. Ao longo da vida física, a consciência é evidente. Observe que as linhas pontilhadas levam a estados alterados de consciência (EAC). Uma forma de EAC é uma EFC (experiência fora do corpo). Observe ainda que a alma pode sair dessa experiência e a ela voltar.

A EQM (experiência de quase-morte) exige que o corpo literalmente morra por um período cuja duração varia de uns poucos segundos a vários minutos. A EQM resulta quer na volta ao corpo físico ou na própria morte.

Você vai perceber que, depois da morte clínica, a alma volta às forças desorientadoras dos planos inferiores (Figura 1). A partir daí, o Eu Superior guia o subconsciente de volta ao plano anímico para escolher a sua próxima vida. Essa é a morte inconsciente.

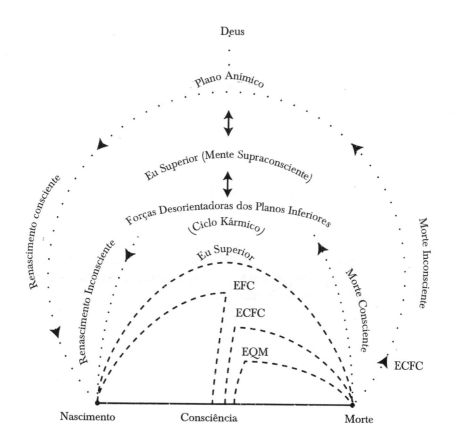

Figura 1
O Processo da Morte Consciente

O processo da morte consciente é ilustrado pela ECFC (experiência consciente fora do corpo), durante a qual a alma é levada pela experiência da morte e evita o ciclo kármico em sua volta ao plano anímico. Quando renasce, essa alma (mente subconsciente), ao ser libertada, evita mais uma vez a interferência do ciclo kármico e o processo de renascimento consciente se completa.

Quem faz toda essa jornada é a mente subconsciente (alma). O Eu Superior a aconselha e também se faz presente ao longo da vida física. O Eu Superior mostra-se particularmente pronunciado no plano anímico. Observe que ele pode sair desse plano e a ele retornar, como o indicam as setas que vão em ambas as direções.

É fácil ver as muitas vantagens que a morte consciente apresenta com relação à morte inconsciente típica. São elas:

- Abreviação do nosso ciclo kármico. Isso resulta num menor número de vidas remanescentes.
- Aumento da qualidade da vida que resta viver.
- Recordação instantânea de vidas passadas.
- Poder de decisão sobre o próprio destino.
- Uma magnífica evolução espiritual.
- Aumento das capacidades extra-sensoriais.
- Eliminação do medo da morte.
- Uma experiência de pesar (luto) mais curta com respeito aos entes queridos deixados aqui.
- Um aumento da qualidade do universo como um todo.

Uma das principais vantagens da experiência da morte consciente está na descoberta de que o mundo que se acha além da Terra é somente outra dimensão da existência. É uma espécie de "oásis espiritual" que nutre e orienta a alma enquanto ela prossegue em sua evolução para planos cada vez mais elevados em sua volta à fonte da qual veio.

...o processo da morte,
tal como a vida,
envolve uma escolha

CAPÍTULO 2

Experiências de Quase-Morte

As experiências de quase-morte (EQMs) constituem a melhor evidência científica da sobrevivência da alma para além da morte física do corpo. Há muito existem descrições de experiências de quase-morte. O doutor Raymond Moody, em seu livro precursor *Life After Life*, cunhou o termo "experiência de quase-morte".[1]

Rod Serling escreveu um episódio de *Além da Imaginação* exibido 15 anos antes da publicação do livro de Moody. Nesse episódio, Jack Klugman faz o papel de um tocador de corneta cínico e infeliz que julgava não ter razões para viver. Ele passa na frente de um carro em movimento e tem uma EQM. No decorrer dessa experiência, encontra-se com o anjo Gabriel e trava com ele uma longa discussão filosófica acerca da vida e da morte. Quando finalmente declara que tem de fato algo por que viver, Klugman é devolvido ao corpo físico ileso.

A mensagem é que, quando precisamos de ajuda, nós a conseguimos desde que a peçamos. A sociedade tornou-se mais consciente desse fenômeno a partir da publicação do primeiro livro do doutor Moody em 1975. Embora haja diferenças em termos das conclusões específicas acerca da EQM a que chegam os pesquisadores, seus estudos revelam uma descrição semelhante do fenômeno. O encontro típico é descrito como um sonho. Surpreendentemente, essa experiência parece mais real do que a consciência desperta comum.

---

1. Dr. Raymond Moody, *Life After Life*, Nova York, Bantam Books, 1975.

Os cinco sentidos ficam mais despertos; os processos de pensamento são racionais e extremamente claros.

A principal diferença notada é o desligamento do corpo físico. A alma, tomada pela sensação de flutuar, vê o corpo sem vida a partir de um canto do teto. Uma sensação de calma e de serenidade a domina agora e o tempo perde o sentido. A alma sente-se atraída para um túnel escuro ao final do qual há uma luz branca brilhante.

Quando entramos na luz branca, um ente querido ou uma figura religiosa nos cumprimenta. Nesse momento, tomamos consciência de que voltaremos ao corpo físico. Porém, antes disso, teremos presenciado, na forma de *flashbacks*, uma revisão panorâmica instantânea da nossa vida anterior.

A maioria das pessoas não se lembra desses eventos ao ser reanimada. Há quem relate sensações incômodas ou a impressão de ser impelido de modo incontrolável de volta ao corpo. Prevalecem relatos de uma maior valorização da vida, de um aumento na importância das relações pessoais e a determinação de aproveitar ao máximo as oportunidades que estas oferecem.

Para resumir: os elementos essenciais de uma EQM são (1) ouvimos ruídos estrondosos bem no começo do processo da morte; (2) passamos por um longo túnel escuro; (3) vemos uma luz branca ou dourada ao longe; (4) vemos figuras religiosas, como Jesus, Buda ou Moisés; (5) fazemos uma revisão/um julgamento panorâmica(o) da nossa vida; e (6) recebemos indicações de que esse é um processo de aprendizagem.

Deve-se assinalar que toda EQM representa apenas o primeiro estágio da morte. *O Livro Tibetano dos Mortos* (ver o capítulo 19) a classificaria como o primeiro *bardo* depois da morte. O que há de interessante nisso é que a morte, tal como a vida, envolve escolha. E as escolhas presentes formam a base da aprendizagem, bem como a iniciação da experiência pessoal.

As crianças também relatam EQMs, mas as experiências delas são diferentes. Elas têm lembranças mais vívidas e vêem a luz brilhante com uma freqüência duas vezes maior que os adultos. Elas revelam a tendência de abandonar temporariamente sua identidade infantil e serem "intemporais e sábias num nível que ultrapassa o típico da idade que têm". Além disso, a revisão de vida em forma de recordação panorâmica está ausente de suas EQMs.

O livro de Kenneth Ring, *Life at Death*, relata que 48% das pessoas que passaram por EQMs por ele entrevistadas descreveram esses elementos essenciais.[2] As crenças religiosas precedentes não tiveram influência sobre essas observações. Na verdade, entre os que passaram pela EQM, havia mais pes-

---

2. Kenneth Ring, *Life at Death: A Scientific Investigation of the Near-Death Experience*, Nova York, Quill, 1982.

soas que antes pensavam que a morte resultava em perda da consciência do que entre as que não passaram por isso. Nenhuma das pessoas estudadas por Ring teve experiências malignas. Oitenta por cento delas relataram ter depois disso pouco ou nenhum medo da morte.

Quase o dobro das pessoas que não tinham tido EQMs sabia da existência do fenômeno por meio da obra de Elizabeth Kübler-Ross e de Raymond Moody. Isso refuta o argumento de que as pessoas que tiveram a experiência estavam culturalmente condicionadas para obter esse resultado.

Outro fator que mostra a precisão desses relatos vem dos relatórios de Michael Sabom, cardiologista de Atlanta. Ele entrevistou 32 pacientes que afirmavam ter tido uma EQM. Nenhum deles cometeu erros consideráveis ao descrever o processo de reanimação que tinha sido aplicado a eles enquanto viam, fora do corpo, os procedimentos. Sabom observou que 23 dentre 25 pacientes que não tinham tido EQMs, mas que haviam feito "adivinhações fundamentadas" acerca dos procedimentos envolvidos na reanimação, cometeram enormes erros em seus relatos a ele.[3]

Moody relata que uma mulher conseguiu descrever com precisão os instrumentos empregados em sua reanimação, depois de um ataque do coração — a ponto de dizer a sua cor. O que faz especialmente significativo esse caso é o fato de essa paciente idosa estar cega há 15 anos! Moody, entre outros, também se refere à relutância a retornar que exibem as pessoas que passam pela EQM. Alguns desses pacientes chegam a mostrar raiva dos médicos por os terem reanimado.

Uma observação deveras interessante de alguns relatos de EQMs é a da precognição. Ring relata uma "previsão de vida" e uma "previsão de mundo" como componente dessas descrições futuristas.

As previsões de vida eram vislumbres do futuro do paciente, sendo particulares de cada pessoa. Contudo, houve uma considerável coerência em termos de eventos globais, tanto em distribuição temporal como em conteúdo. As previsões de vida são apresentadas antes como memórias vívidas do que como previsões, sendo dotadas de grande número de detalhes. Parecem ocorrer como extensão das revisões panorâmicas de vida.

Muitas dessas projeções futuristas estão, de acordo com Ring, documentadas. Um homem descreveu o incidente de Three Mile Island para a esposa precisamente dois dias antes de ele acontecer. Outra paciente descreveu para o marido a erupção do monte Santa Helena. Ele zombou dela até que, algumas horas depois, o evento apareceu no noticiário de televisão local. Desde

---

3. Michael Sabom, *Recollections of Death: A Medical Investigation*, Nova York, Harper & Row, 1982.

1977, o meu trabalho com a progressão de idade por meio da hipnose demonstra definitivamente a previsão da capacidade da mente de ver o futuro. Vejam o meu primeiro livro, *Past Lives – Future Lives*,[4] para uma detalhada discussão da progressão, ao lado de estudos de casos.

Ring também observou que as EQMs resultantes de doenças tinham mais probabilidade de conter a experiência essencial do que as advindas de acidentes. Por outro lado, as pessoas que tiveram acidentes tinham mais probabilidades de experimentar a revisão panorâmica de vida do que as vítimas de enfermidades ou de tentativas de suicídio.

A decisão de voltar costuma relacionar-se com alguma questão não-resolvida que o paciente sente dever ser levada a termo antes de ele morrer.

A experiência de quase-morte que inspirou a obra do doutor Raymond Moody

Fui agraciado com o prazer de conhecer o dr. Raymond Moody em 1983. Estávamos ambos coordenando seminários numa Conferência da Association of Research and Enlightenment (A.R.E. – The Edgar Cayce Foundation) em Washington, D.C.

Ray também é a primeira pessoa a documentar a experiência essencial de uma EQM. Como pai do campo das EQMs, sua obra deu importantes contribuições ao campo da morte consciente, ainda que uma EQM seja um exemplo de morte inconsciente.

O que a maioria das pessoas não conhece é o primeiro caso estudado pelo doutor Moody. Esse caso foi responsável pela sua dedicação de toda a vida ao estudo das EQMs.

Se ler o livro de Moody, *Life After Life*,[5] você vai perceber que ele é dedicado a George Ritchie, M.D. Em dezembro de 1943, Ritchie, que na época tinha 20 anos de idade, foi considerado morto por dois médicos. Ele ficou frio, coberto da cabeça aos pés, por nove minutos. Ele viajava por outra dimensão da vida. Seu guia era Jesus Cristo. Miraculosamente, Ritchie retornou ao corpo, deixando todos os presentes chocados. Ele nunca mais seria o mesmo — nem o seriam aqueles cuja vida ele tocou.

Passaram-se apenas minutos entre a morte e o renascimento miraculoso de Ritchie, porém, em algum lugar para além do tempo, ele absorvia o amor e a

---

4. Dr. Bruce Goldberg, *Past Lives – Future Lives*, Nova York, Ballantine, 1988.
5. Moody, 1975.

sabedoria de Jesus Cristo. "Ali estava um ser que sabia tudo o que eu já fizera em minha vida, porque o panorama da minha vida estava à nossa volta, e que, no entanto, aceitava-me inteiramente e me amava" — escreveu ele.

O que Ritchie viu o convenceu da existência não de um rígido Deus judicativo, mas de um Deus cujo amor por suas criaturas é sempre crescente. Ele percebeu que a aprendizagem da pessoa não termina com a morte física. Intermináveis níveis de realização esperam por nós.

Um panorama histórico da EQM

Nos registros históricos, muitas são as referências ao que hoje chamamos de EQM. O Antigo Testamento apresenta duas interessantes referências:

Isaías 26:19: Os teus mortos tornarão a viver, os teus cadáveres ressurgirão com o meu corpo morto. Despertai e cantai, ó vós que habitais o pó, porque... a terra dará à luz sombras dos mortos.

Daniel 12:2: E muitos dos que dormem esse sono no solo poeirento acordarão, uns para a vida eterna e outros para o opróbrio, para o horror eterno.[6]

O apóstolo Paulo perseguiu os cristãos até ter uma visão e se converter na estrada de Damasco. No Novo Testamento, encontramos:

Atos 26:13: No caminho, pelo meio-dia, eu vi, ó rei, vinda do céu e mais brilhante do que o Sol, uma luz que me circundou a mim e aos que me acompanhavam na jornada. E quando caímos todos por terra, ouvi uma voz que me falava em língua hebraica e dizia: "Saulo, Saulo, por que me persegues? É difícil para ti golpear a faca com os punhos."

E eu disse: "Quem és, Senhor?" E o Senhor respondeu: "Eu sou Jesus, a quem tu estás perseguindo. Mas levanta-te e fica firme em pé, porque este é o motivo por que te apareci: para constituir-te servo e testemunha da visão na qual me viste..."

Quanto a mim, rei Agripa, não me rebelei contra a visão celeste...
E enquanto eu dizia essas coisas em minha defesa, Festo disse em voz alta: "Estás louco, Paulo; teu enorme saber te levou à loucura." Mas eu disse: "Não estou louco, excelentíssimo Festo; são palavras de verdade e de bom senso que profiro."

---

6. Santa Bíblia, versão do Rei James.

Ao que parece, Paulo teve um encontro com um ser de luz. Ele foi ridicularizado ao tentar contar aos outros essa experiência, mas isso não o impediu de ser um importante proponente do cristianismo.

1Coríntios 15:35-52: Mas, dirá alguém: "Como ressuscitam os mortos? E com que corpo voltam?" Insensato... Quando semeias, não semeias o corpo que surgirá, mas um simples grão... Mas Deus lhe dará o corpo que lhe é próprio... Há tanto corpos celestes como corpos terrestres: mas a glória do corpo celeste e a glória dos corpos terrestres são diversas... O mesmo ocorre com a ressurreição dos mortos; semeado corruptível, o corpo ressuscita incorruptível; semeado desprezível, ressuscita em glória; semeado na fraqueza, ressuscita em força. Semeado como corpo natural, ressuscita como corpo espiritual. Há um corpo natural e há um corpo espiritual... Eis que vos dou a conhecer um mistério: nem todos morreremos, mas todos seremos transformados. Num átimo, num piscar de olhos, ao som da última trombeta; porque a trombeta soará e os mortos ressurgirão incorruptíveis.

Paulo descreve um "corpo espiritual", intemporal, cheio de força e de beleza. Hoje, muitos usam o termo *corpo astral* para referir-se a essa fonte.

Platão registrou um episódio de ressurreição em que descreve o caso de um soldado morto que, depois de deixar o corpo, voltou à vida e subiu aos céus. No século VI, o Papa Gregório, o Grande, compilou relatos de ressurreição (trataremos em detalhe de outros manuais da morte consciente na Parte III).

Emanuel Swedenborg

Emanuel Swedenborg (1688-1772) foi um cientista natural que dedicou a última parte da vida ao estudo da metafísica. (Os trabalhos preliminares de Swedenborg serão abordados com algum detalhe no capítulo 23.) Ele escreveu sobre a morte:

Além disso, o homem não morre, sendo apenas separado da parte corporal que lhe serviu no mundo... Ao morrer, o homem apenas passa de um mundo para outro.

Ele também descreveu sua própria EQM:

Vi-me levado a um estado de insensibilidade no tocante aos sentidos do corpo, e, assim, quase no estado da pessoa que morre; no entanto, tendo a vida interior, com o pensamento, permanecido intacta, percebi e retive na memória as coisas que ocorreram e que ocorrem com aqueles que são ressuscitados dos mortos... Foi-me dado especialmente a perceber... que havia um afastamento e uma... retirada da.. mente, e, portanto, do meu espírito, com relação ao corpo.

Swedenborg referiu-se a anjos:

Os anjos primeiro me perguntaram sobre o meu pensamento, se era como o pensamento daqueles que morrem, o qual tem como objeto, comumente, a vida eterna; e [disseram] que queriam manter a minha mente nesse pensamento.
... Enquanto os espíritos conversam uns com os outros mediante uma língua universal... todo homem, imediatamente após a morte, depara com essa língua universal... que é própria do seu espírito...
A fala de um anjo ou de um espírito com o homem é ouvida com a mesma sonoridade que tem a fala de um homem com outro; contudo, ela não é ouvida pelos que se acham perto, mas somente por ele [o homem]; a razão é que a fala de um anjo ou de um espírito se dirige primeiro ao pensamento do homem...

Ele também observou que as almas nem sempre têm consciência de que "morreram".

O primeiro estado do homem depois da morte é semelhante ao seu estado no mundo, porque então, da mesma maneira, ele tem aparência... Por conseguinte, a única coisa que ele julga saber é que ainda está no mundo... Portanto, depois de ter imaginado que se acha num corpo, e semelhante em todos os sentidos ao que tinha no mundo..., ele é acometido pelo desejo de saber o que é o céu, e o que é o inferno.

Ele relata a presença de espíritos-guia que ajudam a alma:

O espírito do homem recém-partido do mundo é... reconhecido por seus amigos e por aqueles que ele conheceu no mundo... razão pela qual é instruído por seus amigos no tocante ao estado da vida eterna...

A revisão panorâmica de vida também é descrita por ele:

A memória interior... é tal que tem escritas em si todas as coisas específicas... que o homem a qualquer momento pensou, falou e fez..., da mais tenra infância à mais extrema velhice. O homem leva consigo a lembrança de todas essas coisas ao entrar em outra vida, sendo sucessivamente levado a relembrar-se inteiramente delas... Tudo o que ele falou e fez... torna-se manifesto diante dos anjos, sob uma luz clara como o dia... e... não há nada tão oculto no mundo que não se manifeste depois da morte... como se visto em efígie no momento em que o espírito é olhado sob a luz do céu.[7]

Albert Heim, geólogo e montanhista suíço, é considerado o primeiro estudioso a reunir sistematicamente dados sobre experiências de proximidade da morte. Trabalhando na virada do século XIX, Heim entrevistou uns trinta esquiadores e alpinistas que estiveram envolvidos em acidentes dos quais resultaram experiências paranormais. Os sujeitos de Heim viram-se diante de fenômenos como o afastamento do corpo e a memória panorâmica, ou revisão de vida. Desde então, essas características das experiências de quase-morte tornaram-se familiares aos pesquisadores dessa área.

A partir da década de 60, o trabalho de Karlis Osis e Erlender Haraldsson, bem como o de Raymond Moody, Elisabeth Kübler-Ross e Kenneth Ring, proporcionou firmes alicerces à EQM. Esses são apenas uns poucos pesquisadores dedicados dessa disciplina tão incomum porém tão cheia de recompensas.

Explicações das experiências de quase-morte

A explicação psicanalítica clássica de uma EQM é a seguinte: quando a vida da pessoa é ameaçada, o ego ativa um mecanismo de defesa psicológico que cria os elementos da experiência essencial da EQM. Outros acreditam que a atitude de "viveram felizes para sempre" com relação à morte pode representar uma forma de negação quando na realidade se requer do moribundo uma demonstração de real preocupação e de real atenção para com sua experiência presente.

Essa noção de uma resposta protetora oferecida como fuga pelo ego quando diante da morte, ao lado de visões do pós-vida induzidas em laboratório, não consegue explicar as mudanças permanentes de personalidade, ocorridas da noite para o dia, que são observadas por quem passa pela experiência. Incluem-se entre essas mudanças hábitos de alimentação mais saudáveis, um aprimoramento da auto-imagem e um maior zelo pela vida. Essas pessoas não

---

7. Todas as citações de Swedenborg foram extraídas do *Compendium of the Theological and Spiritual Writings of Emanuel Swedenborg*, Boston, Crosby and Nichols, 1853, pp. 160-197, usadas com permissão da Swedenborg Foundation, West Chester, Pensilvânia.

dizem simplesmente que são diferentes; elas agem como se lhes tivesse sido concedida uma nova responsabilidade com relação a si mesmas.

Os respeitados pesquisadores Karlis Osis e Erlender Haraldsson fizeram estudos interculturais das EQMs. Suas conclusões são de que as evidências advindas das EQMs são uma forte sugestão de uma vida após a morte. Têm especial importância as aparições que são contrárias às expectativas do sujeito da experiência. Crianças surpresas ao observar anjos sem asas e pacientes que viam pessoas que supunham estar vivas, mas que na verdade estavam mortas, apóiam essa hipótese da vida depois da morte. Esses exemplos não podem ser explicados nem pelo condicionamento cultural nem por teorias médicas ou psicológicas.

Recentes pesquisas do Instituto Gallup mostram que cerca de 60% dos americanos acreditam no inferno. Ainda assim, nenhum relato de EQM de sujeitos euro-americanos indica um procedimento judicativo. As revisões de vida sempre têm como tema o amor e o carinho.

Outro fato interessante acerca da EQM é a existência de tal similaridade entre a consciência na morte e a consciência na vida que o paciente tem dificuldade de reconhecer que mudou de realidade. Isso é sustentado pela crença budista tibetana de que todos os *bardos*, incluindo a vida, a morte entre vidas, o renascimento, a hipnose e o sonho, são basicamente idênticos em sua estrutura e aparência dualistas.

Meus colegas médicos se apressam a chamar a atenção para os efeitos biológicos da anoxia cerebral, ou dos anestésicos e narcóticos usados normalmente nos hospitais. Para ter peso, essa explicação estritamente neurofisiológica teria de explicar toda a experiência essencial, algo que ela com toda a certeza não faz. Além disso, a amnésia é um resultado da anoxia cerebral. Os relatos de EQMs não existiriam caso a anoxia cerebral estivesse presente. A presença e/ou "voz" que se costumam encontrar durante uma EQM são mais provavelmente o Eu Superior do que uma extensão da personalidade.

A EQM em resumo

- As EQMs não podem ser explicadas de maneira adequada em termos de drogas, alucinações, condicionamento cultural, etc.
- A religião, a raça e a idade também não afetam as EQMs.
- Noventa e nove por cento das EQMs são positivas, e transformam literalmente a personalidade dos que por elas passam. Trata-se de algo tão positivo que muitos são os pacientes que não desejam voltar ao corpo físico.

- Um ser de luz freqüentemente dirige uma revisão panorâmica da vida do paciente durante uma EQM. Não apenas se observam todas as ações, como são notados os efeitos que possam ter sobre outras pessoas. A modalidade de comunicação é a telepatia.
- O paciente por vezes obtém informações acerca do futuro. Algumas dessas precognições foram documentadas.
- É simplesmente impossível explicar as alterações repentinas de personalidade que acontecem, incluindo um maior zelo pela vida, uma melhoria na autoconfiança, a adoção de hábitos de alimentação mais saudáveis e uma crescente compaixão, por meio de alucinações ou de quaisquer outras conjeturas propostas pelos céticos que criticam essa experiência.
- Uma EQM é um dos mais fenomenais eventos que uma pessoa pode experimentar. Ela tem dado novo rumo a vidas, criado santos, inspirado religiões e moldado a história.
- Cerca de 35 a 40% das pessoas que se viram próximas da morte relatam ter tido EQMs.

O vínculo entre a EQM e a morte consciente

Uma EQM constitui um exemplo de morte inconsciente. Trata-se para muitos de um prelúdio das circunstâncias com que a alma vai deparar na morte consciente, porém com uma grande diferença, que tem relação com as forças desorientadoras dos planos inferiores ou do círculo kármico, como expliquei no capítulo 1.

A vantagem de manter o contato com o Eu Superior no momento da morte é a possibilidade de a alma evitar a necessidade de voltar novamente ao plano terreno ou a quaisquer dos outros planos inferiores. Caso essas almas tenham mesmo de voltar, a sua nova vida será muito mais plena de realizações e de capacidades do que a resultante de sua morte inconsciente.

Podemos aprender com as EQMs o que não devemos fazer. Além disso, o fenômeno proporciona-nos um vislumbre do que será a morte, o que deve afastar os temores comumente associados com essa transição. É esse medo que desorienta a alma em sua morte, criando muitos dos problemas que a pessoa em transição experimenta ao morrer inconscientemente.

Àqueles que se interessam por aprender mais sobre as EQMs, recomendo que entrem em contato com:

The International Association for Near-Death Studies (IANDS)
P.O. Box 502
East Windsor, Connecticut 06028
USA
Telefone: (203) 528-5144.

A IANDS publica um jornal trimestral (*Journal of Near-Death Studies*) e um boletim (*Vital Signs*). Trata-se de uma organização internacional que conta com membros em todos os continentes.

...a transição para o
que chamamos de morte...
deveria ser acompanhada por um
solene júbilo

CAPÍTULO 3

O Ciclo do Nascimento e da Morte

Renunciamos à consciência vívida da nossa alma imortal e de seus poderes espirituais ao vivermos apenas como corpos físicos. A beleza e os efeitos de cura propiciados pela comunhão com seres espirituais, pela sintonia com o universo e pela percepção das dimensões não-físicas da existência podem ser recuperados com facilidade por meio da morte consciente.

Com a consciência humana ocorreu uma completa secularização. Afirmamos que a morte é inevitável e que somos mortais. Rollo May chamaria isso de neurose existencial — para ele, essa era a causa básica de todas as ansiedades e temores. A purificação tem condições de remover, e vai remover, esse estado de desespero e de insegurança. Refiro-me a isso com a expressão insegurança existencial. Esse é também o tema de *O Livro Egípcio dos Mortos* e de *O Livro Tibetano dos Mortos*,[1] que deveriam ser chamados livros dos vivos (ver Parte III).

A purificação é simplesmente a capacidade de passar conscientemente pela morte, pelo nascimento e pelo período entre a morte e o renascimento, bem como manter o vínculo entre a alma e o Eu Superior ao passar por esses vários estados, a fim de ajudar a restauração da integridade da alma — algo que, em muitos casos, elimina a necessidade de reencarnar. Se for indicada

---

1. E. A.W. Budge, *The Book of the Dead*, Londres, Longman & Co, 1895. [*O Livro Egípcio dos Mortos*, publicado pela Editora Pensamento, São Paulo, 1985.]

uma vida futura na Terra ou em outro plano inferior, ela será bem mais espiritual e mais cheia de realizações. Em conseqüência, o universo, assim como cada alma tomada individualmente, beneficia-se da morte consciente.

Durante a purificação, teremos condições de relembrar as nossas vidas anteriores. Ficamos cônscios do verdadeiro propósito da nossa alma, do nosso propósito kármico. Isso terá como conseqüência o fim do ciclo de nascimento e morte conhecido como o ciclo kármico. Os cristãos dão a isso o nome de salvação. O *Livro Tibetano dos Mortos*, de "luz clara";[2] os budistas dão-lhe o nome de "nirvana", e os hindus empregam o termo "moksha". Denomino-o simplesmente purificação.

Este livro vai mostrar que a única fonte verdadeira é a consciência de cada um, que será despertada pela morte consciente. Aprenda sobre a morte consciente, conheça-a e morra conscientemente (veja o capítulo 10). Pratique o serviço e o amor altruístas. Medite, dedique-se à auto-hipnose, à ioga ou a qualquer coisa que o deixe naturalmente relaxado. Não há verdades absolutas, o que se aplica inclusive ao que acabei de escrever.

Se o propósito de nascer num corpo físico é aprender como não nascer novamente, isso é algo que se consegue aprendendo-se como não ficar inconsciente antes do momento da morte, durante ele e depois que ele passar. Esse conceito já foi apresentado muitas vezes ao longo da história. Ele aparece no *Per em ru* (*O Livro Egípcio dos Mortos*), na *Divina Comédia* de Dante, no Livro Dez de *A República,* de Platão, no Livro Seis da *Eneida,* de Virgílio, no *Garuda Purana* da Índia, no manual órfico chamado *A Descida ao Hades*, no *De Coelo et de Infero*, e nos *Sete Sermões aos Mortos,* de Basilides. Tratarei com mais detalhes dessa história na Parte III.

Não pretendo que este livro seja um tratado; ele é simplesmente um guia, cujo principal propósito é ajudar o leitor a morrer conscientemente e a praticar isso diariamente. Essa é a própria essência da iluminação e da imortalidade.

Este livro não é só um guia da morte consciente. Ele vai treiná-lo a manter a integridade e a continuidade da consciência (o vínculo entre a alma e o Eu Superior) depois da morte, ao longo do estado intermediário entre a morte e o renascimento e durante o processo de renascimento, o que inclui as fases intra-uterina e a fase de nascimento do renascimento.

Isso nos permite aprender a viver outra vez como seres não-físicos. Mediante a recuperação dessa consciência perdida da nossa imortalidade inerente, a nossa consciência vai finalmente ver-se liberta de suas limitações. A purificação vai evitar a quebra de continuidade e de integridade da nossa consciência durante a morte, o *bardo* e o renascimento (se necessário). Essa realização e

---

2. Evans-Wentz, 1960.

atualização espiritual são necessárias para eliminarmos o ciclo do nascimento e da morte.

Da mesma maneira como Buda recordou todas as vidas passadas quando atingiu o nirvana sob a árvore Bodhi, você também vai ter acesso aos seus registros akáshicos e aprenderá sobre as suas vidas. Não foi a nossa imortalidade o que se perdeu, mas apenas a nossa consciência dela. Tendemos a exibir uma espécie de amnésia espiritual no referente à nossa natureza e origem verdadeiras.

A morte consciente pode ser usada por todos os seres, pouco importando suas inclinações ou crenças religiosas. Na realidade, ela pode ser usada mesmo por quem prefere não ter nenhuma religião nem ser parte de nenhum grupo religioso. Afinal, uma pessoa pode ser religiosa sem ter uma religião ou ter uma religião sem ser religiosa.

Quando nos encontramos no nosso corpo espiritual (astral), somos capazes de ver sem usar os olhos físicos, de escutar sem usar os ouvidos e de pensar e sentir sem o cérebro físico e as glândulas endócrinas. O Buda Gautama referiu-se ao potencial de Buda que há em todos. Ele afirmou que a principal diferença entre um Buda e um não-Buda reside no fato de o Buda saber que é Buda e agir como tal, ao passo que o não-Buda não sabe que é um Buda e, por conseguinte, não age como tal.

Em contraposição a isso, identificamo-nos com o corpo e com tudo aquilo que lhe acontece — o nascimento, a morte e todos os acontecimentos intermediários, como adoecer, envelhecer, sofrer e, é claro, todas as formas de neurose existencial e de fobia, como o medo da dor, o medo da doença, o medo de perder, o medo de morrer e mesmo o medo de ter medo.

Do mesmo modo, identificamo-nos com a nossa mente e com todas as suas inseguranças e preconceitos, além de nos identificarmos com as nossas emoções, com todas as suas batalhas e sofrimentos. Tornamo-nos vítimas dos nossos pensamentos e paixões e, nessa condição, permanecemos aprisionados ao ciclo do nascimento e da morte, vinculados com ele pelas energias psicológicas e fisiológicas que constituem a cadeia de causas e efeitos cujo resultado é o nosso ser físico.

Os budistas se referem a essa cadeia de causas seqüenciais com o termo Nidanas. Há doze nidanas alegadamente responsáveis pelo ciclo kármico. O fato de morrer e renascer inconscientemente fez com que a humanidade passasse a acreditar no seguinte:

- A incapacidade de gerir e controlar a própria vida.

- A escravidão às circunstâncias exteriores, ao nascimento sem permissão e à morte sem consentimento.

- A falta de consciência do universo ou de Deus.
- A ilusão da identificação com o ego.
- A ilusão da identificação com o corpo físico.
- A ilusão da identificação com o processo mental-emocional.

Essas nidanas são as forças específicas que usamos para nos criar e recriar, física e não fisicamente. Podemos empregar essas energias morrendo conscientemente a fim de dirigir as nossas vidas a uma maior sabedoria, a uma maior liberdade e a um maior júbilo. Podemos empregar os recursos naturais que possuímos como forças libertadoras que nos deixem fora do alcance do karma. Em conseqüência, quando morremos inconscientemente, somos escravizados por essas energias e ficamos sujeitos ao ciclo do nascimento e da morte.

As nidanas agem em seqüência: uma força faz existir a seguinte, numa reação em cadeia. A ignorância é a nidana mais essencial. A falta de conhecimento da nossa verdadeira natureza de seres espirituais (almas) desorienta-nos. Identificamo-nos assim apenas com o nosso corpo físico. Ao supor que a mente não passa de subproduto do cérebro, apenas aumentamos a nossa ignorância.

A ação seqüencial de cada nidana é a seguinte: são expressas energias por meio dos sentidos condicionados (*salayatana*). Esses sentidos condicionados só podem possibilitar o contato condicionado com o que é (*phassa*). Esse contato condicionado só pode gerar sentimentos condicionados (*vedana*). Esses sentimentos condicionados só podem despertar anseios ou desejos condicionados (*tanha*). Esses anseios e desejos condicionados só podem criar apegos condicionados (*upadana*). Esses apegos condicionados só podem levar ao vir-a-ser condicionado (*bhava*) e ao nascimento condicionado (*jati*); e esse nascimento condicionado vai envolver naturalmente, mais uma vez, a cadeia do sofrimento do envelhecimento (*jara*), da morte (*mara*), do pesar (*soka*), da aflição (*parideva*), do sofrimento (*dukkha*), da lamentação (*domanassa*) e do desespero (*upayasa*).

Quando nos libertamos dessa ignorância, como ocorre na morte consciente, entramos num círculo de aquisições cada vez maiores. O *Sermão da Montanha*, do Evangelho de São Mateus, é provavelmente a mais completa descrição do caminho cristão da perfeição.

No hinduísmo, há o *nivritti marga*, o caminho da libertação das *vrittis* ou atividades condicionantes da mente (*chitta*). Os métodos e técnicas da libertação estão descritos no *Ashtanga Yoga*, ou os Oito Membros do Yoga, dados nas *Yogasutras* de Patanjali.

No budismo, o caminho da libertação é chamado *Ashtanga Arya Marga*, o Nobre Caminho Óctuplo. Ele descreve os oito passos por meio dos quais se pode sair do ciclo do nascimento e da morte.

Para compreender e avaliar em plenitude o que é exatamente o ciclo do nascimento e da morte, temos de recorrer ao conceito de plano. Há teorias que afirmam a presença de sete planos inferiores. Minha experiência clínica a partir de 1974, na orientação de mais de 33 mil regressões a vidas passadas e progressões a vidas futuras de mais de 11 mil pacientes individuais, levou-me às deduções sobre o ciclo kármico que apresento a seguir.

O nosso ciclo kármico, de acordo com o conceito de planos, processa-se nos cinco planos inferiores. A nossa alma é caracterizada por um dado nível de consciência ou taxa vibracional. Deve-se elevar a qualidade da taxa vibracional a fim de ascender a um plano superior. Cada plano sucessivo requer uma taxa vibracional mais elevada. A entidade busca o plano mais adequado ao seu nível.

Os cinco planos inferiores

1. O *plano terreno* ou *plano físico*. Trata-se do plano no qual nos encontramos agora. Nesse nível, o corpo é principalmente material ou físico. É nele que se pode reduzir ou aumentar a maior quantidade de karma. Trata-se definitivamente do nível mais difícil.

2. O *plano astral*. O corpo é menos material aqui. É o lugar para onde o subconsciente, ou alma, vai imediatamente depois da morte ou passagem. Os fantasmas são exemplos de corpos astrais.

3. O *plano causal*. Nesse nível, o corpo é ainda menos material. Aqui são mantidos os registros akáshicos. É o plano para o qual o médium se projeta ao ler o seu passado ou futuro.

4. O *plano mental*. Trata-se do plano do puro intelecto.

5. O *plano etérico*. Trata-se do nível em que o corpo é menos material. Nesse plano, a verdade e a beleza são os valores últimos.

São os pensamentos e ações da alma que determinam a quantidade de tempo passada nesses planos inferiores. Cada um deles se destaca pelo fato de proporcionar um ambiente propício à aprendizagem de determinadas lições espirituais. Por exemplo, a verdade está associada ao plano etérico, enquanto as tarefas intelectuais são atribuídas ao plano mental. O plano terreno representa o plano da maior eliminação ou adição dos nossos débitos kármicos.

Registros akáshicos

Os registros akáshicos são uma espécie de mapa de todas as nossas vidas passadas, nossa vida presente e nossas vidas futuras. Afirma-se que são mantidos no plano causal. Esses registros são o que os médiuns e canalizadores têm acesso quando iniciam uma leitura. Podemos ter acesso a esses registros em qualquer plano, mas é mais fácil obtê-los no plano anímico. Esses registros refletem com precisão a evolução da nossa alma e aquilo que ainda temos a aprender.

O plano anímico

Este plano (plano 6) é uma área intermediária ou "zona desmilitarizada" entre os planos inferiores e os superiores. Aqui é onde o Eu Superior passa a maior parte do tempo, sendo igualmente aqui que a alma escolhe a sua vida seguinte. A luz branca, tão freqüentemente descrita pelos que vivenciam experiências de proximidade da morte, é na realidade o Eu Superior, que acompanha a alma até o plano anímico. Mestres e Guias e entes queridos falecidos também podem estar à espera nesse lugar. A telepatia é a forma de comunicação desse plano, no qual não há segredos. Como qualquer entidade pode agora ler literalmente as mentes, a verdade em sua forma pura se evidencia.

Vemos aqui fragmentos da nossa encarnação mais recente ao lado dos de várias outras vidas passadas e opções de vida futura. Os mestres e guias, assim como o Eu Superior, costumam dar conselhos, mas a escolha quanto à vida seguinte é sempre da alma, que conserva o livre-arbítrio. Naturalmente, é provável que você não tenha de reencarnar se tiver praticado com sucesso a morte consciente quando estava no corpo físico. Se tiver de reencarnar nos planos inferiores, lembre-se de que a vida nesses outros planos não é tão diferente da do plano terreno. As pessoas se casam, têm filhos, se divorciam, amam, odeiam, etc. em todos os planos inferiores.

Os sete planos superiores

Você pode escolher qualquer um dos cinco planos inferiores a fim de enfrentar suas tarefas kármicas. Porém, enquanto estiver no ciclo kármico, você não pode entrar nos sete planos superiores — a sua taxa vibracional é muito baixa para isso.

Esses sete planos superiores atingem o seu ápice no plano de Deus ou do inominado (Número 13). A essência — a nossa verdadeira natureza — reside

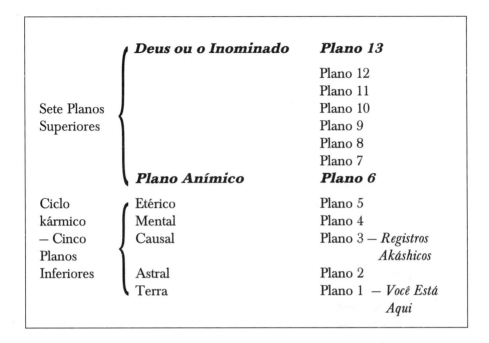

Figura 2
A Progressão dos Treze Planos

no plano de Deus. É a nossa FONTE, o UNO, TUDO AQUILO QUE É, e muitos outros nomes descritivos; trata-se do céu ou nirvana que chega ao nosso conhecimento por meio do treinamento religioso.

A qualidade de sua evolução espiritual, tal como manifesta pela taxa vibracional de freqüência de sua alma, determina o plano em que você pode entrar. Seus pensamentos e ações controlam essa qualidade. Se a sua taxa vibracional o qualifica para o décimo plano, você não pode entrar em nenhum plano superior até que essa taxa seja apropriadamente aumentada.

Esse conceito não inclui um inferno. O inferno são apenas as vidas negativas que você leva no plano terreno. Há, no entanto, um céu ou nirvana. Isso é parte da competência que lhe é conferida para que, controlando seus pensamentos e ações, você possa unir-se mais uma vez a Deus.

O conceito de plano pode ser melhor ilustrado pelo diagrama acima (Figura 2). Esse diagrama mostra que o ciclo do nascimento e da morte não é um mar de rosas. A solução mais desejável é aprimorar a alma com a maior rapidez possível e ascender aos planos superiores. Outra opção é permanecer como Mestre ou Guia e assistir outras almas em sua ascensão. O caminho mais rápido para esse estado perfeito é a morte consciente.

As energias do universo, tanto físicas como não-físicas, encontram-se à nossa disposição. Podemos tanto usá-las corretamente ou de forma errada ou abusiva. Às vezes, não as usamos para uma coisa nem para a outra porque não sabemos fazer isso.

Aprendemos até um certo ponto a usar as energias físicas. Desenvolvemos ciências e tecnologias da energia física por meio das quais criamos algumas conveniências e confortos na nossa vida física. Também usamos essas energias de forma errada e abusiva, o que resultou na poluição ambiental, no envenenamento da corrente sangüínea e na ameaça sempre presente da destruição nuclear.

A nossa ignorância é manifesta no que se refere à energia do pensamento. Consideramo-la como mera reação eletroquímica nas células cerebrais, dando tratamento semelhante à energia da consciência. Quanto à energia do amor, consideramo-la erroneamente como a mera energia sexual física. A ciência ocidental rejeita por completo a energia do espírito, que recebe no Oriente o nome de kundalini. De acordo com esse ponto de vista sem iluminação e limitado, a energia emocional é primordialmente expressão de secreções glandulares; a energia mental é uma manifestação da ação do cérebro; e a energia espiritual simplesmente não existe, apesar das evidências contrárias dos muitos casos em que a consciência, a capacidade de pensamento e a razão persistem na ausência do sentido de atividade cerebral (EEG).

Essas energias não-físicas agem em nossa vida, quer aceitemos ou não a sua existência e quer tenhamos ou não consciência delas. A não aceitação do fato da gravitação e a não consciência da transformação de energia de que ela é causa não nos isenta nem exclui do seu efeito universal sobre todos os corpos materiais.

Empregando o vínculo da nossa mente subconsciente (alma) com a nossa mente supraconsciente (Eu Superior), podemos transformar as nidanas em forças libertadoras que nos apartam do ciclo kármico. Poderemos então criar a nossa própria liberdade e o nosso próprio júbilo.

Diferentes religiões e mestres escolheram uma ou duas, ou qualquer combinação dessas 12 forças libertadoras, tendo enfatizado suas escolhas como o caminho para a libertação.

O budismo acentuou a Meditação Correta como caminho para o *nirvana*, sendo ela também chamada de *Meditação Satipatthana*, ou Atenção Total Correta.

O cristianismo, exemplificado por São Paulo, acentua o "despertar do amor" como o processo libertador. Cristo declarou que o amor a Deus e ao próximo constitui o maior mandamento. São Paulo, no capítulo 13 da Primeira Carta aos Coríntios, afirmou enfaticamente que o amor é o caminho para a perfeição, para o encontro face a face com Deus e mesmo para saber tal como Deus sabe.

A psicologia transpessoal destaca o uso de estados alterados de consciência como um caminho para a consciência superior e para os estágios ulteriores da vida humana. A libertação do ciclo do nascimento e da morte é uma libertação da consciência de suas limitações criadas pelo homem, a maioria das quais resulta da morte e do renascimento inconscientes.

Os orientais enfatizam antes a integridade do todo do que a diferença entre seus componentes. A seu ver, a unidade está na base daquilo que pode parecer fenômenos contraditórios. Eles promovem o conceito de que esses contrastes aparentes são meros aspectos ilusórios de uma realidade indivisa.

Reencarnação

O *I Ching* ou *Livro das Mutações** apresenta um mundo em constante transformação. A vida e a morte são apenas manifestações de uma realidade em permanente mudança. A morte e a vida são encaradas como aspectos complementares de um processo fundamental, e não como opostos mutuamente exclusivos.

A reencarnação é o melhor exemplo do pensamento oriental nessa linha. Por meio da morte, a alma é renovada por uma vida seguinte em outro corpo. Esse conceito de transmigração ilustra o processo ininterrupto da vida e da morte. Como afirmou Lao Tzu, o filósofo chinês, "o nascimento não é um começo nem é a morte um fim".

De acordo com os hindus, as almas individuais transmigram para uma sucessão de corpos. Essa passagem, ou samsara, é promovida pelo karma, que é a lei moral de causa e efeito. O atual estado de ser da pessoa é determinado pelos pensamentos e obras passados da alma. Estes, por sua vez, influenciam estados futuros. Esse fluxo em constante mutação da experiência momento-a-momento que leva às seqüências sucessivas de mortes e renascimentos (o ciclo do nascimento e da morte) é controlado pelo karma. No centro da vida está um eu oculto, ou *Atman*, que é a alma.

A forma ortodoxa do cristianismo rejeita o conceito de reencarnação e reconhece a existência de apenas um universo. Trata-se do primeiro e último universo, e temos duas vidas, uma aqui no corpo físico e uma depois no corpo da Ressurreição.

Outras religiões orientais, como o budismo, o islamismo e o bramanismo, aceitam a doutrina da reencarnação. Esses orientais acreditam que existe um Céu, mas não que um corpo ressuscitado ascenda a ele. A seu ver, é antes a consciência (a alma) que viaja.

---

* Publicado pela Editora Pensamento.

Todas essas crenças aludem a uma continuidade da alma em algum pós-vida. A morte é apenas um portal para uma forma de vida distinta da que chega ao fim.

No pós-vida, não se cria novo karma. A experiência do bardo (vida intermediária) é apenas o resultado das ações e pensamentos da vida física. O hinduísmo, o cristianismo e o budismo, por exemplo, concordam que o destino do ser humano é decidido na Terra.

Não há quebra de consciência, mas uma continuidade de transformação. A consciência da morte é o ponto de partida. O karma gera um desejo ou ação mental plenamente formada. Essa ação é sucedida por experiências do bardo e por um renascimento final. O que importa aqui é alcançar uma nova vida de maior qualidade (mais espiritual) até chegar à perfeição da alma.

A morte e o destino da alma

O último pensamento e as últimas palavras enunciadas no momento da morte determinam, de acordo com os hinduístas e budistas, a qualidade da vida seguinte da alma. Ao "dirigir corretamente" esse processo de pensamento da pessoa à morte, gera-se uma morte consciente. É preferível que a pessoa moribunda tenha tido uma vida de preparação para esse momento culminante. Os sábios indianos também ensinam que um amigo, parente ou guru bem versado em técnicas de morte consciente pode dar assistência ao que inicia a jornada.

A filosofia oriental afirma nitidamente que o nosso pensamento atual determina a nossa condição futura. Nesses mesmos termos, o nosso pensamento passado influenciou em larga medida a nossa condição presente.

Reagir à morte

A transição para aquilo que denominamos morte pode e deve ser acompanhada de um solene júbilo — uma tranqüila transição. Na Índia, emprega-se o termo *samadhi* para descrever esse estado. A prática da morte consciente supera o medo da morte e faz com que a alma assuma de fato o controle de si mesma. Uma alma pode assistir outra nessa transição. A *Fatiha* muçulmana, a *Pretashraddha* do hinduísmo e o Réquiem do catolicismo são exemplos modernos de tentativas de morte consciente.

O moribundo deve enfrentar a morte não só com calma, lucidez e heroísmo, como também com um intelecto corretamente treinado e dirigido, transcendendo mentalmente os sofrimentos e fraquezas do corpo, algo que ele pode fazer se tiver praticado com eficiência, durante seu período de vida ativa, a arte da morte consciente. No Ocidente, em que essa técnica é pouco conhecida e raramente praticada, há, em contrapartida, uma generalizada rejeição da morte.

Com a ajuda da psicologia, a mente racional do Ocidente mergulhou no que se poderia denominar "neurose metafísica", tendo sido levada a um inevitável impasse pela suposição acrítica de que todas as coisas de cunho psicológico são subjetivas e pessoais. Ainda assim, esse avanço foi um grande lucro, na medida em que nos permitiu dar mais um passo por trás da nossa vida consciente.

O efeito último
do envelhecimento
é, na verdade, a morte

CAPÍTULO 4

As Atuais Atitudes com Relação à Morte

A preocupação humana com os mortos precede a história registrada. Há mais de 50 mil anos, o homem de Neanderthal enterrava conchas ornamentadas, utensílios de pedra e comida com os mortos. Isso resultava da crença de que o recém-falecido precisaria, em alguma medida, desses itens durante a transição da alma. Em alguns sítios funerários, o cadáver era posto em posição fetal e pintado com ocre de ferro [hematita], o que também sugere uma crença no renascimento.

Entre as culturas pré-históricas, a morte parece ter sido vista como uma transição do mundo dos vivos para o dos mortos. A morte não era considerada um fim. Os egípcios antigos deram continuidade a essa tradição.

Durante a Idade Média, toda igreja e catedral cristã contava com uma torre do sino. Quando alguém morria, pagava-se uma taxa para que se tocasse o sino da "alma". Isso servia como uma forma de notificação pública de que alguém morrera. Quem pode se esquecer do verso imortal de John Dunne, "por quem os sinos dobram", que representa esse evento? Os sinos também eram usados no Oriente para ajudar a aconselhar o espírito a afastar-se do corpo morto. Essas sociedades também achavam que o som do sino afastava os "maus espíritos" do recém-falecido.

Se este tivesse praticado técnicas da morte consciente, isso poderia ter sido evitado.

O estudo da morte deixa-nos com interrogações que se acham no próprio centro da experiência humana. Esse estudo se torna uma jornada pessoal e experimental de descoberta na qual se acentuam os valores do escutar, da compaixão e da tolerância com relação às concepções alheias. Não consigo imaginar nenhuma outra experiência com maior impacto em nossa vida. Não obstante, os americanos encaram a vida a partir da posição da negação.

Há cem anos, tratava-se o fenômeno da morte de maneira bem diferente da que é conhecida hoje. A morte costumava ocorrer em casa, na presença dos membros da família. Praticavam-se alguns rituais e construía-se um ataúde para o corpo, que era então posto na sala de estar da casa. O luto da família era partilhado pelos parentes (incluindo crianças), amigos e outros membros da comunidade. O ataúde ficava aberto de modo que as pessoas pudessem ver o corpo e oferecer orações. Realizava-se um serviço funerário, após o qual o corpo era levado para o túmulo. Todos aprendiam sobre a morte por experiência direta.

Hoje, as coisas estão sobremaneira mudadas. A família e os amigos são meros observadores, em vez de participantes ativos. Pagamos a outras pessoas para realizar os serviços de preparação do corpo para o enterro. As funerárias modernas vendem caixões elaborados, e a preparação do cadáver reduz a aparência da morte. Durante o velório, o caixão fica fechado e, muitas vezes, sequer às vistas da família. A morte é cuidadosamente disfarçada. Isso é negação.

A expectativa média de vida dos Estados Unidos passou de 47 anos, na virada do século, para mais de 75 hoje. Mais da metade das mortes relatadas há cem anos envolvia pessoas de até 16 anos. Hoje, esse número mal chega a 5%.

A taxa de falecimentos na América era de cerca de 17% em 1900, tendo declinado para mais ou menos 8,7%. Essa taxa menor torna mais fácil negar a morte, especialmente porque os muito jovens sobrevivem bem mais do que em qualquer outra época da nossa história.

Há cem anos, a transição típica era repentina — muitas vezes decorrente de doenças infecciosas agudas, como a difteria, a septicemia, a febre tifóide e a tuberculose. Essas infecções respondiam por mais ou menos 40% das mortes nos Estados Unidos. Hoje, só 4% das mortes resultam dessas infecções. A morte costuma ser um processo lento e progressivo decorrente de doenças cardíacas ou do câncer.

Como cerca de 80% das pessoas morrem numa instituição, a morte se acha apartada da nossa vida cotidiana. Não se costuma contar a um paciente com uma doença terminal que ele está prestes a morrer. Muitos parentes são informados da morte de um membro da família por um telefonema. Já não há a experiência em primeira mão da transição de um ente querido. Assim como o sexo, a morte é um segredo sobre o qual se deve sussurrar fora do alcance do ouvido alheio. Toda a nossa sociedade é condicionada a negar a morte e tudo o que com ela se associe.

Os cartões de condolências são um exemplo da negação da morte pela sociedade. Nos cartões que li, menos de 3% mencionavam a palavra "morte".

Os termos "morte", "morreu" e "foi morto" são cuidadosamente evitados quando se escrevem cartas. Gostamos de usar eufemismos como "passagem", "foi para o céu", "expirou", "entregou a alma a Deus", "partiu", "pereceu", "descansa em paz" ou "partiu desta para melhor".

A nossa sociedade nada diz sobre o gasto anual de bilhões de dólares em cosméticos, tinturas de cabelo, operações plásticas do rosto ou dietas, mas simplesmente não sabemos como nos relacionar com o envelhecimento. Os cabelos grisalhos, a redução da energia e outros efeitos físicos do envelhecer são encobertos pelos médicos ou disfarçados por meio de cosméticos para que não tenhamos de nos haver com eles. O efeito último do envelhecimento é, na verdade, a morte.

Vivemos numa sociedade baseada no ganho material, e nem o envelhecimento nem a morte aumentam a nossa renda líquida; assim, por que reconhecer a sua existência? Trabalho com muitos pacientes que morrem de medo da morte. A morte consciente resolve de fato esses problemas; ela nos permite ficar acima das inseguranças e superficialidades.

Poucos podem admitir e aceitar o conceito de que o corpo é um mero veículo temporário para a alma. As pessoas apegam-se tanto à sua estrutura física que temem encarar a realidade. A falta de uma crença na imortalidade da alma constitui, na minha experiência, a principal razão para o maior temor da sociedade, o medo da morte.

Em nossa sociedade altamente tecnológica, tendemos a ver a morte dos jovens como um evento trágico. Bem diferente é a perspectiva dos índios norte-americanos. Sua visão da vida tem forma circular, sendo a puberdade a época em que se completa o círculo. A partir daí, a totalidade da vida de cada um se estabiliza, e sempre que ocorre a morte, a pessoa morre íntegra. É a plenitude com a qual a pessoa entra em cada momento completo que determina a totalidade, que não se vincula assim com a duração da vida, mas com sua qualidade.

A maioria dos casos de depressão e de ansiedade que observei nos mais de 11 mil pacientes que recebi no meu consultório advém da tentativa fútil destes no sentido de recriar os prazeres do passado e de evitar que as dores dos anseios irrealizados ocorram no futuro. Essa filosofia simplesmente não pode dar certo. Deixando de lado as evidências de doenças psicossomáticas originadas de emoções reprimidas, simplesmente não podemos controlar os eventos essenciais da nossa vida — ou podemos?

A morte consciente confere-nos maior poder de decisão. Ela proporciona-nos a oportunidade de projetar nosso futuro conforme nossa vontade e de controlar eventos até certo ponto. As pessoas que não morrem conscientemente (o que inclui praticamente todos neste planeta) são acometidas pelo pânico quando a realidade não se conforma à imagem que fazem de como as coisas são. Essas pessoas se escondem. Ficam presas em casa e esperam que, se negarem a morte e seu incômodo por um tempo longo o bastante e de maneira suficientemente forte, pode ser que ela simplesmente vá embora.

Esse "culto ao eu" é uma coisa de que a maioria de nós não se mostra propensa a abrir mão. Quanto mais tentamos nos proteger, tanto menos vivenciamos o que quer que seja. A nossa perda é, nesse caso, a da capacidade de passar pela experiência de uma percepção e de uma compreensão mais profundas do que é a morte e da realidade de uma transição tranqüila. Quanto mais tentamos controlar e adiar a vida, tanto mais tememos a morte.

Volto a referir-me à cultura dos índios norte-americanos. Ela usa o canto da morte para cultivar uma receptividade a esse evento. Praticam-se certos ritos de passagem, como passar vários dias na selva sozinho rezando e jejuando. Ali, seus membros ficam à disposição para receber uma mensagem orientadora de um espírito que os aconselha em sua vida, o que constitui um componente da realização da integralidade. Esse espírito costuma ser a fonte do seu canto de morte individual.

O canto de morte é usado em épocas de grande tensão ou de perigo. O confronto com um animal perigoso ou a ameaça de morte por doença trazem o canto de morte à consciência, de que resulta uma dessensibilização com relação à morte e uma familiaridade com ela. Quando vem a hora de usar de fato o canto no momento da morte, acontece uma morte consciente.

A receptividade ao que vier a acontecer é um importante componente da morte consciente. Se excluir apenas a morte da sua lista "tudo está bem", você eventualmente adicionará outros itens a essa compilação. Cedo nada estará bem e tudo vai ser temido. Alguns dão a isso o nome de civilização. É essa imposição de limites ao que é aceitável que nos isola, levando-nos a abandonar o bem junto com o mal.

A televisão nos dá outro exemplo da fixação social na morte. A imagem da morte dada pelos meios de comunicação costuma ser caracterizada pela violência. Ela dá uma imagem despersonalizada da morte de modo tal que o próprio conceito de morte se torna indistinto. Essa é uma maneira de negar o resultado final.

Meu levantamento das listas de programação semanal típicas do *TV Guide* mostrou que mais ou menos um terço dos programas tratava da morte ou do morrer. Eu não estava levando em conta noticiários, programas sobre a natureza, desenhos, a programação religiosa, os esportes nem as comédias açucaradas. Raramente essas descrições contribuem para o nosso conhecimento da realidade da morte. Quando vir um programa de televisão ou um filme, atente bem para o modo como a morte é retratada.

A cena de morte provavelmente será violenta. Se o ator morrer lentamente, sem dúvida a sua transição se dará em perfeita harmonia com a música. Quanto menos o espectador puder identificar-se com esse quadro da morte, tanto maior a negação do seu próprio destino. A afirmação "o que os olhos não vêem o coração não sente" pode parecer boa a algumas pessoas, mas não passa de negação.

Os jornais, revistas e livros apresentam a morte de maneira mais realista e terapêutica. Livros como *On Death and Dying*,[1] de Elizabeth Kübler-Ross, concentram-se nos sentimentos e necessidades do paciente moribundo. Essa era uma noção verdadeiramente radical em 1969, data da primeira edição da obra: a de que os profissionais de saúde e a família do paciente poderiam aprender algo com um ser humano à morte.

O livro de Glaser e Strauss, *Awareness of Dying*,[2] mostrou que tanto os médicos como o público hesitavam em discutir o processo da morte e tentavam evitar dizer a um paciente que ele estava para morrer.

As organizações confessionais dão esperança ao ilustrar como as atitudes antes contrárias no tocante à morte podem ser adaptadas com sucesso num ambiente social moderno. Entre os Amish, a morte é considerada parte do ritmo natural da vida. Eles praticam rituais como a presença constante da família, a manutenção de um estilo de vida normal, o diálogo aberto sobre o processo da morte e o seu impacto na família, o apoio à pessoa moribunda e aos entes queridos enlutados.

A melhor esperança que temos para levar a sociedade a encarar a morte é o tema deste livro: a morte consciente. As experiências que põem a vida em risco e não envolvem EQMs na verdade diminuem o medo da morte. O pesquisador Russell Noyes Jr., da escola de medicina da University of Iowa, registrou as seguintes observações de sobreviventes dessas experiências:[3]

> Vítimas de acidentes de automóvel: "Nunca pensei que mudaria de idéia, mas quando percebi que podia morrer e ainda assim não havia medo... o medo que eu tinha da morte acabou." "Não tenho medo, quase desejo... que haja experiências melhores e mais belas depois desta vida."
>
> Sobrevivente de envenenamento por monóxido de carbono: "Se não tenho medo de morrer, também não tenho de viver — isto é, de me aproximar das pessoas, de ser amigo, etc. Isso me permitiu tentar qualquer coisa que..."

---

1. Elizabeth Kübler-Ross, *On Death and Dying*, Nova York, Macmillan, 1969.
2. Barney G. Glaser e Anselm L. Strauss, *Awareness of Dying*, Hawthorne, Nova York, Aldine de Gruyter, 1969.
3. Russell Noyes Jr., *Brain/Mind Bulletin*, 3 de maio de 1976, n° 1, 12s.

Sobrevivente de 16 anos de ferimento por arma de fogo: "Sou grato por estar vivo, mas acho que estou porque Deus queria que eu vivesse."

Noyes observou que as mudanças de atitude lembram de perto as que ocorrem depois das EQMs. A lição aqui parece ser a de que é necessária uma crise para que voltemos à razão no que se refere à morte. Eu afirmo: esqueça a necessidade da crise e pratique a morte consciente todos os dias.

...a morte não existe;
...existe apenas
uma mudança
de consciência

CAPÍTULO 5

O Eu Superior

A mente supraconsciente é também designada como o Eu Superior. Trata-se literalmente da parte perfeita da energia da nossa alma. É um resquício da energia de Deus de que todos derivamos. A memória do Eu Superior é perfeita e objetiva. Ela tem acesso aos nossos registros akáshicos, podendo comunicar-se com a nossa mente subconsciente a qualquer momento do dia ou da noite.

Segundo a teoria teosófica (veja o capítulo 24), o Eu Superior consiste em três componentes: *atma, manas* e *buddhi*. A mente subconsciente ou alma recebe muitas vezes a designação de eu inferior e se manifesta no plano astral de *kamaloka*, se a morte for inconsciente. Os portadores específicos de karma são conhecidos como *skandhas*. Existem quatro fatores predominantes na escolha de uma nova vida:

- O livre-arbítrio.
- Vínculos kármicos com amigos e membros da família.
- O potencial de aprendizagem da nova vida.
- Tarefas especiais aceitas anteriormente.

Os quatro ou sete Senhores do karma, conhecidos como Lipika, dirigem o ciclo kármico. Afirma-se que têm um incentivo direto para manter o sistema funcionando, visto que, sem almas não-evoluídas, nada teriam a fazer nem ninguém a controlar.

As lições kármicas apresentam quatro componentes:

- Artha ou progresso material. A avareza é o maior problema aqui.
- Moksha ou libertação das limitações físicas e da própria reencarnação.
- Karma ou luxúria. A raiva é a fraqueza desse tipo.
- Dharma ou virtude e integridade morais e religiosas.

Os cientistas tentam de fato explicar o Eu Superior ou mente supraconsciente. Aquilo que os orientais chamam de pura luz, clara luz ou pura consciência, os físicos quânticos descrevem como, simplesmente, consciência. Evan Harris Walker foi o primeiro físico quântico a desenvolver um modelo matemático desse fenômeno. Seu modelo postula que a unidade básica da consciência é o próprio *quantum*.

De acordo com a nova física, toda a realidade se acha interligada nos níveis mais profundos. Observações feitas num objeto podem afetar as leituras feitas em outro. Os objetos não precisam ter entre si nenhum contato físico — podem mesmo estar afastados por anos-luz — porém, no sentido mais profundo, universal, nunca perdem o contato uns com os outros. É o Eu Superior que transpõe essas lacunas. A consciência pura está além do espaço-tempo; há uma dualidade. Com certeza não podemos entender plenamente a natureza do Eu Superior, mas também não nos é dado ignorar a sua presença. Disso resultou um impasse científico.

Anjos

O Eu Superior é muitas vezes confundido com um encontro com um anjo, e erroneamente rotulado como tal. Não duvido que essas aparições do Eu Superior possam ser entendidas por aquele que é seu objeto, de modo geral uma alma num período de grande tensão, como uma visita do seu Anjo da Guarda. A objeção que faço a essa designação advém da definição e classificação teológica dos anjos.

Os teólogos declaram claramente que os anjos são totalmente diferentes das almas humanas. Esses mensageiros de Deus nunca foram humanos, e nenhum ser humano pode vir a ser um anjo. Essa evolução divergente é contrária a todas as evidências que acumulei a partir dos contatos com a mente supraconsciente que promovi com os vários milhares de pacientes que me consultaram desde 1974. Eliminei propositadamente muitas das descrições negativas dos anjos por várias religiões e apresento a versão dessas entidades vindas da Nova Era.

Esse conceito teológico contém determinados componentes:

- Os anjos existem num universo diferente do humano.
- Eles entram no nosso mundo por meio de uma espécie de portal, a fim de se fazer conhecer por nós.
- Eles são dotados de consciência, de vontade e de intenção.
- Os anjos sempre são mensageiros, protetores e guardiães.
- São universais, estando presentes em todas as religiões.
- Os anjos não interferem em nosso livre-arbítrio. Se quisermos, podemos ignorá-los.
- O único credo que um anjo tem é o amor.
- Eles podem estar em qualquer lugar que queiram num átimo.
- Um anjo aparece às pessoas da maneira que julga ser a mais adequada para chamar a atenção delas. Essas aparições são calculadas de modo a levar ao máximo nossa reação à sua mensagem, impelindo-nos à ação.
- Os anjos se comunicam por telepatia.

Quatro fatores determinam a possibilidade que cada pessoa tem de ser agraciada com um contato face a face com os seus anjos. Esse contato tem de ser parte do plano de Deus. Temos de ter uma idéia clara do que sejam e do que fazem os anjos, bem como o que não fazem nem podem fazer. Os nossos motivos para desejar um encontro como esse têm de ser puros, e temos de estar preparados para um encontro.

Os anjos empregam quaisquer meios que tenham mais probabilidade de nos atrair a atenção. É muito freqüente usarem os nossos sonhos para nos prestar ajuda.

As experiências com anjos apresentam algumas características essenciais. A mensagem deles nos deixa confiantes, nunca ansiosos, e eles não tentam nos forçar a fazer coisa alguma. Os anjos não nos deixam confusos. As mensagens desses seres são feitas de modo a nos dar liberdade de escolha. Um encontro com um anjo faz com que nós mudemos para melhor de alguma maneira. Isso não se parece com o mecanismo e a ação do Eu Superior?

Pedir um encontro com um anjo por meio da hipnose é uma das mais belas experiências que você pode ter. O roteiro a seguir pode ser usado para iniciar uma experiência assim:

Roteiro de encontro com um anjo

Agora ouça com cuidado. Quero que você imagine uma luz branca brilhante que vem descendo do alto e entrando pelo topo de sua cabeça, preenchendo todo o seu corpo. Veja-a, sinta-a, e ela se torna realidade. Agora imagine uma aura de pura luz branca emanando da região do seu coração, mais uma vez circundando todo o seu corpo, protegendo-o. Veja-a, sinta-a, e ela se torna realidade. Agora, somente anjos e entidades amorosas altamente evoluídas que visam o seu bem serão capazes de influenciá-lo durante esta ou qualquer outra sessão hipnótica. Você se encontra totalmente protegido por essa aura de pura luz branca.

Em alguns minutos, vou contar de 1 a 20. Enquanto eu estiver fazendo isso, você vai sentir que se eleva ao nível da mente supraconsciente, em que poderá receber informações dos seus anjos protetores. Número 1, elevando-se. 2, 3, 4, elevando-se mais; 5, 6, 7, deixando que as informações fluam; 8, 9, 10, você está na metade do caminho; 11, 12, 13, sinta-se elevando-se cada vez mais alto; 14, 15, 16, você está quase lá; 17, 18, 19, número 20, você chegou. Faça uma pausa e volte-se para o nível da mente supraconsciente.

TOQUE MÚSICA DA NOVA ERA POR 1 MINUTO

Você pode entrar em contato com qualquer um dos seus anjos a partir deste nível. Você pode examinar o seu relacionamento com qualquer pessoa. Lembre-se de que o nível da sua mente supraconsciente é onisciente e tem acesso aos seus registros akáshicos. Deixe que o seu Eu Superior envie a energia apropriada para atrair um dos seus anjos.

Agora, lenta e cuidadosamente, exprima o seu desejo de informações ou de passar por uma experiência e deixe que esse nível da mente supraconsciente trabalhe por você. Sinta a energia de cura e o amor vindo do seu Anjo da Guarda.

TOQUE MÚSICA DA NOVA ERA POR 8 MINUTOS

Muito bem! Agora, quero que você abra mais os canais de comunicação mediante a remoção de quaisquer obstáculos e pela sua autodisposição a receber informações e experiências que, aplicando-se diretamente à sua vida presente, vão ajudá-lo a melhorá-la. Receba informações mais avançadas e mais específicas do seu Eu Superior e dos anjos a fim de elevar a sua freqüência e aprimorar o seu subciclo kármico. Faça isso agora.

TOQUE MÚSICA DA NOVA ERA POR 8 MINUTOS

Tudo bem, agora durma e descanse. Você se saiu muito bem! Ouça com muita atenção. Vou agora contar de 1 a 5. Quando eu chegar a 5, você estará de volta ao presente. E será capaz de lembrar-se de tudo o que vivenciou e revivenciou. Você vai sentir-se bastante relaxado, revigorado, e poderá fazer tudo o que tiver planejado para o resto do dia ou da noite. Você vai sentir-se bastante positivo com relação ao que acabou de vivenciar e bastante motivado pela sua confiança e capacidade de tocar esta fita outra vez para vivenciar os seus anjos. Tudo bem agora; 1, muito, muito profundo; 2, você está ficando um pouquinho mais leve; 3, você está ficando bem mais leve; 4, levíssimo; 5, desperte. Lúcido e revigorado.

Em 1977, quando desenvolvi o campo da hipnoterapia da progressão, o contato com a mente supraconsciente passou a ser a principal técnica do meu trabalho. Um contato com a mente supraconsciente é apenas o treinamento da mente subconsciente (alma) para comunicar-se com a mente supraconsciente (Eu Superior).

Essa técnica tem particular importância em nossa discussão porque treina o paciente para elevar a qualidade da taxa vibracional de freqüência da sua própria mente subconsciente. Ela também promove o contato e a comunicação com entes queridos perdidos, e o exame de vidas passadas e futuras com esse ente querido. Além disso, ela facilita a descoberta das razões exatas pelas quais o ente querido escolheu um dado momento e um dado método de morte (de passagem a espírito), treinando o paciente na arte da morte consciente.

Um uso deveras terapêutico e eficaz do contato com a mente supraconsciente e da resultante comunicação com o nosso Eu Superior é o de dar direção à nossa atual mente subconsciente. Por meio do contato com o Eu Superior e do acesso a ele, os pacientes podem rever seu propósito kármico, recebendo sumários de suas vidas passadas e futuras. Isso consome muito menos tempo do que uma regressão a vidas passadas ou uma progressão a vidas futuras passo a passo. No meu consultório de Los Angeles, acelero esse processo por meio do uso de fitas cassete de condicionamento auto-hipnótico.

O roteiro aqui apresentado pode ser usado como a base da sua fita. Se não quiser gravar uma fita, aprenda os pontos altos do roteiro, sem se preocupar em memorizá-los palavra por palavra. Seu Eu Superior vai assisti-lo na consecução desse contato tão importante com o componente perfeito de sua alma.

Roteiro da Mente Supraconsciente

Agora ouça com cuidado. Quero que você imagine uma luz branca brilhante que vem descendo do alto e entrando pelo topo de sua cabeça, preenchendo todo o seu corpo. Veja-a, sinta-a, e ela se torna realidade. Agora imagine uma aura de pura luz branca emanando da região do seu coração, mais uma vez circundando todo o seu corpo, protegendo-o. Veja-a, sinta-a, e ela se torna realidade. Agora, somente anjos e entidades amorosas altamente evoluídas que visam o seu bem serão capazes de influenciá-lo durante esta ou qualquer outra sessão hipnótica. Você se encontra totalmente protegido por essa aura de pura luz branca.

Em alguns minutos, vou contar de 1 a 20. Enquanto eu estiver fazendo isso, você vai sentir que se eleva ao nível da mente supraconsciente, em que poderá receber informações dos seus anjos protetores. Número 1, elevando-se; 2, 3, 4, elevando-se mais; 5, 6, 7, deixando que as informações fluam; 8, 9, 10, você está na metade do caminho; 11, 12, 13, sinta-se elevando-se cada vez mais alto; 14, 15, 16, você está quase lá; 17, 18, 19, número 20, você chegou. Faça uma pausa e volte-se para o nível da mente supraconsciente.

TOQUE MÚSICA DA NOVA ERA POR 1 MINUTO

Agora, você pode fazer a si mesmo qualquer pergunta sobre qualquer questão de vidas passadas, da vida presente ou de vidas futuras. Do mesmo modo, você pode entrar em contato, a partir desse nível, com quaisquer dos seus guias ou entes queridos que partiram. Você pode examinar seu relacionamento com qualquer pessoa. Lembre-se de que o nível da sua mente supraconsciente é onisciente e tem acesso aos seus registros akáshicos.

Agora, lenta e cuidadosamente, afirme o seu desejo de obter informações ou uma experiência, e deixe esse nível da mente supraconsciente trabalhar por você.

TOQUE MÚSICA DA NOVA ERA POR 8 MINUTOS

Muito bem! Agora, quero que você abra mais os canais de comunicação mediante a remoção de quaisquer obstáculos e pela sua disposição para receber informações e experiências que, aplicando-se diretamente à sua vida presente, vão ajudá-lo a melhorá-la. Procure receber informações mais avançadas e mais específicas do seu Eu Superior e dos anjos a fim de elevar a sua freqüência e aprimorar o seu subciclo kármico. Faça isso agora.

TOQUE MÚSICA DA NOVA ERA POR 8 MINUTOS

Tudo bem, agora durma e descanse. Você se saiu muito bem! Ouça com muita atenção. Vou agora contar de 1 a 5. Quando eu chegar a 5, você estará de volta ao presente. E será capaz de lembrar-se de tudo o que reviveu e recordou. Você vai sentir-se bastante relaxado, revigorado, e poderá fazer tudo o que tiver planejado para o resto do dia ou da noite. Você vai sentir-se bastante positivo com relação à experiência por que acabou de passar e bastante motivado pela sua confiança e capacidade de ouvir essa fita outra vez para vivenciar os seus anjos. Tudo bem agora; 1, muito, muito profundo; 2, você está ficando um pouquinho mais leve; 3, você está ficando bem mais leve; 4, levíssimo; 5, desperte. Lúcido e revigorado.

A experiência de Jerry Springer

Um excelente exemplo dessa técnica foi fornecido pelo apresentador do programa de entrevistas da televisão Jerry Springer. Dirigi com ele uma comunicação com o Eu Superior que foi gravada em dezembro de 1993. Jerry é ex-vereador da cidade de Cincinnati, de que foi prefeito duas vezes. Ele dá de si a imagem de um cidadão responsável com um forte interesse em servir ao público.

Como cavaleiro, na Inglaterra no começo do século XVII, Jerry sofreu um ferimento grave numa batalha em que defendia a honra de uma nobre. Como ele já não podia ser cavaleiro, a mulher que ele salvou deu-lhe o emprego de mordomo. Essa mulher reencarnou como a filha atual de Jerry.

No final do século XXI, Jerry vai ser um rancheiro/fazendeiro chamado Bobby que vive e trabalha em Montana. Ele se casará e terá quatro filhos. Bobby se dedicará a um projeto governamental relacionado à agricultura em nossa lua. Ele vai morrer aos 60 anos quando a sua nave sofrer um acidente ao voltar à Terra.

A experiência de Jerry com o Eu Superior proporcionou muitas informações acerca de seu interesse pelas obras sociais. Dois interessantes fatos vieram à tona, a partir de sua progressão à vida futura. Em primeiro lugar, a mulher de Jerry na vida futura é uma garota que, nesta vida, ele conheceu no colégio, de nome Robin. Em segundo lugar, ele afirmou em seu programa que até hoje tem medo de mergulhar numa piscina, uma fobia que lhe causou muitos embaraços em férias passadas. A progressão indicou um vínculo com seu medo da água que aparentemente tem origem numa vida futura.

O caso seguinte ilustra de que maneira o Eu Superior pode comunicar-se conosco numa vida passada a fim de facilitar a solução de uma situação que se afigura irremediável. Numa vida passada primitiva, na selva amazônica, meu paciente é um jovem chamado Moke. O chefe da tribo, Sagu, é um homem forte e cruel. Moke desafia Sagu para uma luta até a morte para libertar a tribo do jugo deste. Sagu é um líder muito ruim que só pensa em atender aos seus anseios egoístas e implacáveis, muitas vezes à custa da segurança da tribo.

O problema está no fato de Sagu ser muito maior do que Moke e ser o guerreiro mais habilidoso da tribo. Esse desafio parecia condenar Moke a uma morte quase certa.

Moke entrou em contato com o seu Eu Superior e obteve as instruções de um plano para derrotar Sagu. Moke foi para a selva e limpou um pedaço de terra a fim de construir uma armadilha para Sagu. Ele cavou uma fossa profunda e pôs no fundo estacas de madeira pontudas e depois ocultou a fossa.

Depois, o jovem candidato a chefe encontrou-se em segredo com alguns dos seus amigos íntimos, e eles prepararam para o chefe uma surpresa bem especial. No dia do desafio, Moke escolheu bastões longos como armas da luta, como era o costume.

Quando a luta estava prestes a começar, Moke transferiu o evento para o lugar da selva cuidadosamente preparado em que fizera a armadilha. Sagu foi colocado diante da fossa camuflada. De repente, um alto rugido se fez ouvir por trás de Sagu. Moke ficou parado de olhos arregalados e com um ar de terror no rosto. Alguns dos outros homens da tribo também olhavam para "alguma coisa". Quando Sagu se virou para ver a causa desse horror, Moke levantou seu bastão e caminhou na direção dele. Sagu recuou uns poucos passos, a grama se abriu e tudo o que se ouviu foi um terrível grito.

Moke construíra alguma espécie de corneta que, quando usada de uma certa maneira, produzia o som bastante alto de um animal. Um dos homens da tribo produzira esse som ao receber de Moke um certo sinal.

Essa distração momentânea de Sagu, ao virar-se, era tudo de que Moke precisava para executar seu plano. Ao cair no poço, Sagu morreu instantaneamente transpassado pelas estacas de madeira. Moke passou a ser chefe e a tribo viu-se livre daquele cruel e sádico líder.

No meu primeiro livro, *Past Lives – Future Lives*,[1] descrevi uma vida futura de uma mulher que vai ser antropóloga no século XXVII. Seu nome é Tia e ela tenta negociar um pacto entre uma tribo primitiva bárbara chamada hecow e um grupo pacifista espiritualista conhecido como os saleanos.

As negociações são interrompidas e os hecow se preparam para atacar e aniquilar os saleanos na manhã seguinte. Tia estava em pânico. Não apenas estava prestes a fracassar em sua primeira tarefa importante, como testemunharia o massacre de um grupo de almas amorosas e pacíficas.

O Eu Superior do supervisor de Tia, Nahill, vai ajudá-la, já que a solução apresentada consistia numa negociação no plano astral durante o estado de sono (REM ou onírico). Os saleanos tinham grande proficiência nesse tipo de EFC, visto que meditavam a maior parte do dia e levavam o estilo de vida de um sumo sacerdote tibetano de hoje.

A negociação astral funcionou e os hecow foram apropriadamente reprogramados para deixar os saleanos em paz. Tia e sua equipe unem-se aos saleanos nessa viagem astral. Na manhã seguinte, os hecow encontram-se com os saleanos e uma paz duradoura se estabelece. Este exemplo de morte consciente teve um propósito político.

O Eu Superior é tudo o que você quiser que ele seja, estando disponível sempre que você precisar. Essa afirmação baseia-se em muitas informações obtidas em EQMs e em encontros "com anjos".

O nosso Eu Superior é o nosso principal conselheiro. Ele é muito diferente dos Mestres e guias. Estes últimos são almas que, tendo-se aprimorado, decidiram permanecer no ciclo kármico (os cinco planos inferiores) para assistir outros no processo de ascensão (ver capítulo 3). Os mestres e guias não são nós e nós nunca seremos eles. Quero dizer com isso que eles têm uma fonte de energia diferente. Podemos tê-los conhecido pessoalmente em vidas passadas,

---

1. Goldberg, 1988.

quando também eles tinham um ciclo kármico, mas eles não são "geneticamente" vinculados a nós.

Não existe morte. Existe apenas uma mudança de consciência. Como só a mudança nos rege, nosso único inimigo é o nosso próprio ego (nossos mecanismos de defesa). Jesus, Buda e outros tentaram mostrar-nos como religar-nos ao nosso Eu Superior. As técnicas de morte consciente, seja por meio da meditação ou da hipnose, assistem na conexão e aplainam o caminho para termos uma transição tranqüila.

> ...a nova física
> afirma inequivocamente
> que nada tem realidade
> até ser observado por nós

CAPÍTULO 6

A Consciência

Neste capítulo, discutiremos concepções contrastantes da consciência, um tópico suscitado pelo conceito de Eu Superior apresentado no capítulo precedente. Afinal, o Eu Superior é pura consciência. A morte consciente é uma espécie de experiência fora do corpo (EFC) que chamo de "experiência consciente fora do corpo" (ECFC). Além disso, todo o propósito da morte consciente é manter intacto o vínculo entre a alma e o Eu Superior no momento exato da morte.

A Filosofia Perene

Godfrey Leibniz (1646-1716) cunhou o termo "Philosophical Perennis", mas essa filosofia se tornou popular graças ao livro de Aldous Huxley *The Perennial Philosophy* (1944).[1] O misticismo é um tema-chave desse livro.

O misticismo é definido como a expressão de uma sabedoria anterior obtida por meio de um estado alterado de consciência (EAC). Esse EAC promove a fusão da pessoa com a unicidade do universo. Todas as principais religiões do mundo têm o misticismo como componente. Mesmo as religiões

---

1. Aldous Huxley, *The Perennial Philosophy*, Nova York, Ayer Publishing, 1944. [*A Filosofia Perene*, publicado pela Editora Cultrix, São Paulo, 1991.]

mais primitivas (como o xamanismo, por exemplo) descrevem experiências místicas e as incorporam em sua teologia.

A maioria das religiões baseia-se, literalmente, em relatos desses encontros místicos. O uso de rituais, de livros sagrados e de cerimônias pomposas não passa de uma tentativa dessas teocracias no sentido de apresentar relatos em termos passíveis de serem compreendidos pelo paroquiano médio. Huxley encontrou um núcleo comum nesses dogmas e deu a isso o nome de "filosofia perene", que definiu como a essência transcendental de todas as principais religiões apresentadas por meio de suas tradições místicas.

Como essas experiências místicas são inteiramente subjetivas, nem a ciência nem a religião podem validá-las ou invalidá-las; trata-se apenas de uma questão de fé. A filosofia perene é o resultado desses encontros relatados. O místico tenta narrar uma experiência numa linguagem vinculada com a sua definição de realidade. Esta é muitas vezes, se não sempre, muito diferente da experiência em si. Por essa razão, Huxley admite ser impossível exprimir de maneira precisa a filosofia perene.

Um fundamento absoluto, a realidade de todas as coisas, é descrito na filosofia perene de todas as religiões. Não é só que o absoluto esteja em todas as coisas; todas as coisas são o absoluto. O universo é apenas uma manifestação desse absoluto. Seu conceito é ilimitado e indefinível. Assim, o fundamento absoluto não é posto à parte como uma espécie de criador separado das coisas criadas.

O conceito básico defendido pela filosofia perene é o de que o eu eterno está unido ao absoluto, e que cada alma está numa jornada para descobrir isso e alcançar a iluminação. O caminho na vida que cada pessoa segue está voltado para cumprir o seu destino e, assim, voltar ao seu verdadeiro lar. Isso é conseguido antes pela recordação da nossa verdadeira natureza do que por meio da aprendizagem. Esses são igualmente o propósito e o mecanismo da morte consciente.

Ken Wilber, atual autoridade na filosofia perene, compilou um arcabouço comum que está na base de toda experiência e dá uma dimensão espiritual à parte dela que chamamos de realidade. Wilber refere-se ao nível mais baixo da consciência como "consciência insensiente". Esse nível é a mais densa expressão da consciência. À medida que ascendemos pelos níveis da consciência, tanto menos densos se tornam os níveis.

O que separa esses níveis é o foco: à medida que atingimos níveis mais altos, o foco vai-se expandindo. A limitação do foco é o motivo pelo qual os planos inferiores da consciência não percebem os que se acham acima deles. A consciência precisa apenas ampliar o seu foco para ascender por essa hierarquia até chegar a um novo nível (plano). Assim sendo, nós como pessoas criamos as próprias fronteiras que nos limitam o foco. Wilber descreve seis níveis de consciência:

1. Físico: matéria/energia não-vivas.

2. Biológico: matéria/energia vivas (sensitivas).

3. Mental: ego, lógica, pensamento.

4. Sutil: arquétipos, transindividualidade, intuição.

5. Causal: radiância informe, transcendência perfeita.

6. Supremo: a consciência como tal, a fonte e a natureza de todos os outros níveis.[2]

Cada nível inclui, ao mesmo tempo que transcende, todos os níveis que lhe são inferiores. Um nível superior não é derivado nem explicado por um nível inferior.

Wilber subdivide cada nível de consciência numa "estrutura profunda" e numa "estrutura de superfície". A estrutura profunda contém todos os potenciais do nível, bem como todos os seus limites. A estrutura profunda é, em essência, um paradigma, contendo, nessa qualidade, todo o conjunto de formas pertinente ao nível. Os princípios limitadores que estão no interior da estrutura profunda determinam que estruturas de superfície afloram. Wilber define o subconsciente fundamental como todas as estruturas profundas de todos os níveis existindo como potenciais prontos a emergir. De certo modo, cada estrutura profunda contém o potencial de todas as estruturas profundas de uma ordem implicada. A estrutura de superfície de um nível de consciência é uma manifestação particular da estrutura profunda.

A diferença entre a estrutura profunda e a de superfície pode ser ilustrada por sua separação do espaço e do tempo. A estrutura profunda não é afetada por uma tal separação e é interligada. A estrutura de superfície, por sua vez, acha-se separada por um atributo de espaço-tempo, estando presente em nosso plano físico.

Transformação é o termo que Wilber aplica ao movimento de uma estrutura profunda para outra. O eu (self), ou nível de consciência, faz o movimento de um nível para outro. Seus atributos são indefiníveis. Ele é a fonte da realidade e está no nível supremo de consciência, representando ao mesmo tempo todos os níveis. Esse mecanismo recebe de Wilber o nome de projeto atman.

---

2. Ken Wilber, *The Holographic Paradigm and Other Paradoxes*, Boulder, Colorado, Shambhala Publications, 1982, pág. 157. [*O Paradigma Holográfico e Outros Paradoxos*, publicado pela Editora Cultrix, São Paulo, 1991.]

O projeto atman é fruto de níveis mais sofisticados de consciência, igualmente indefiníveis. A ascensão é a maneira pela qual o eu se eleva pela escada que conduz à pura consciência. A meta é chegar ao plano superior (atman, o plano de Deus, TUDO O QUE EXISTE, nirvana ou céu).

O eu só é limitado por sua ignorância desse paradigma.

À medida que transpõe níveis, o eu pode usar sua força cada vez maior de criatividade (de criação de sua realidade) no plano mental. A única restrição que se aplica a ele é a estrutura profunda do mundo material, sendo ele condicionado pela história dessas translações. Assim, suas funções só são restringidas pela estrutura profunda do nível imediatamente superior. A única exceção é o nível um — quando age no plano físico, o eu é limitado pela estrutura profunda desse plano.

Assim, o eu age de modo a integrar níveis. Ao identificar-se com ao menos dois níveis, o eu toma consciência das diferenças entre eles. Esse reconhecimento permite-lhe apartar-se do nível inferior e ascender ao superior.

O segundo nível, o biológico, é o primeiro a exibir vida. Sistemas biológicos bastante simples, como células e tecidos simples, representam esse nível. Só ao alcançarmos o nível três encontramos a mente humana. Para que a mente humana funcione nesse nível mental (nível três), cabe-lhe forçosamente integrar o nível biológico que está abaixo dela. Este (nível dois), por sua vez, integra o nível material (nível um).

Estados Alterados de Consciência (EAC)

Como os EACs formam a base dessas experiências místicas (a morte consciente pode ser considerada mística, qualquer que seja a definição de místico), examinemos esse fenômeno em detalhe.

Um EAC é definido como todo estado mental que possa ser subjetivamente identificado como suficientemente diferente das normas gerais que se aplicam à pessoa que por ele passa durante os períodos de consciência desperta, de vigília. Características como mudanças no caráter do pensamento e uma preocupação maior do que a usual com as sensações interiores tipificam esse estado.

Há certas variáveis que desempenham uma parcela significativa na produção de EACs. Esses fatores são:

- Redução do estímulo exteroceptivo e/ou da atividade motora. A exposição contínua a um estímulo repetitivo, monótono, aliada a uma mudança no padrão e na quantidade de sensações, é a causa disso. Exemplos dessa categoria são o confinamento solitário, a hipnose de auto-estrada, o tédio extremo, os estados de privação dos sentidos e os sonhos.

- Aumento do estímulo exteroceptivo e/ou da atividade motora e/ou da emoção. A agitação emocional extrema, a fadiga mental e o bombardeio dos sentidos tipificam esse grupo. São exemplos a lavagem cerebral, a conversão religiosa e a cura pela fé, os estados de transe durante as cerimônias xamânicas, a possessão por espíritos e os estados psicóticos agudos (como a esquizofrenia).

- Aumento da atenção ou do envolvimento mental. Uma hiperatenção concentrada, seguida por uma hipoatenção periférica ao longo de um período de tempo, dá origem a esse tipo. Ficar de guarda, ouvir um metrônomo, rezar, envolver-se na solução de problemas e ouvir um locutor dinâmico são ilustrações desta categoria.

- Redução da atenção ou relaxamento das faculdades essenciais. Agrupam-se nessa classificação os estados de livre associação durante a terapia psicanalítica, os estados místicos (por exemplo, o satori, o nirvana, a consciência cósmica, o samadhi) atingidos por meio da meditação, a auto-hipnose e os estados criativos e intuitivos.

- Presença de fatores somatopsicológicos. Estados mentais resultantes de alterações na química ou na neurofisiologia do corpo causam esse tipo de EAC. Os exemplos incluem as auras que precedem os ataques de enxaqueca ou epilépticos, a hiperglicemia, a hipoglicemia decorrente do jejum, a privação do sono, a hiperventilação e a narcolepsia. Drogas como as substâncias alucinógenas, os sedativos, os narcóticos e os estimulantes também produzem esse tipo de EAC.

Características comuns dos EACs

- Alterações no pensamento. Interrupções subjetivas da memória, do julgamento, da atenção e da concentração caracterizam esse elemento.

- Perturbações do sentido de tempo. São comuns as sensações subjetivas de que o tempo parou, os sentimentos de intemporalidade e a desaceleração ou aceleração do tempo.

- Perda de controle. Quem passa por um EAC pode temer a perda do sentido de realidade e do autocontrole. Estar sob a influência direta de uma persona forte é um exemplo disso.

- Mudança da expressão emocional. Exibições de expressões emocionais mais intensas e primitivas que são súbitas e inesperadas. Também pode ser exibido nesse momento o afastamento emocional.

- Mudança da imagem do corpo. Um sentido de despersonalização, de "desrealização" e uma perda das fronteiras entre o eu e os outros ou entre o eu e o universo são observados. Esses encontros podem ser chamados num ambiente místico ou religioso "expansão da consciência" ou sentimentos de "unicidade". Não apenas podem várias partes do corpo parecer ou dar a impressão de estar encolhidas, aumentadas, distorcidas, pesadas, imponderáveis, desconectadas, estranhas ou engraçadas, como se fazem presentes experiências espontâneas de tontura, de visão borrada, de fraqueza, de entorpecimento, de formigamento e de analgesia.

- Distorções da percepção. Alucinações, sucessão de imagens visuais com ritmo cada vez maior, bem como várias espécies de ilusão caracterizam essa categoria.

- Mudança do significado ou da significação. Sensações de introvisão profunda, de iluminação e de verdade são observadas com freqüência nos EACs.

- Sentido do inefável. Pessoas que passam por um EAC parecem incapazes de comunicar a essência de sua experiência a alguém que não passou por isso. Observa-se também a amnésia.

- Sensações de rejuvenescimento. Um novo sentido de esperança, de júbilo e de propósito é exibido pela pessoa que passa pela experiência.

Aplicações dos EACs

- Cura. Os ritos e técnicas realizados pelos xamãs durante uma cerimônia de cura ilustram a geração de um EAC tanto no paciente como no profissional de saúde. As antigas práticas egípcias e gregas de "incubação" em seus templos do sono, as curas pela fé em Lourdes e outros santuários religiosos, a cura pela oração e pela meditação, as curas pelo "toque de cura", a imposição de mãos, o contato com relíquias religiosas, a cura espiritual, as curas pela possessão por espíritos, o exorcismo, os tratamentos mesméricos ou magnéticos e a hipnoterapia moderna são todos exemplos evidentes do papel dos EACs no tratamento.

- Acesso a novos conhecimentos ou experiências. No campo da religião, a oração forte, a meditação passiva, os estados revelatórios e proféticos, as experiências místicas e transcendentais, a conversão religiosa e estados divinatórios têm servido à humanidade para abrir novos domínios de experiência, reafirmar valores morais e resolver conflitos emocionais, sendo freqüente que nos tornem capazes de nos entender melhor com nossas tarefas humanas e com o mundo que nos cerca. As introvisões criativas e a solução de problemas durante esses estados facilitaram em larga medida o nosso avanço tecnológico.

- Função social. A possessão por espíritos, por exemplo, permite a um sacerdote atingir um alto *status* por meio do cumprimento do seu papel religioso, livrar-se temporariamente da responsabilidade por suas ações e pronunciamentos ou fazê-lo capaz de pôr em prática de uma maneira socialmente sancionada seus conflitos ou desejos agressivos e sexuais. A dissipação resultante do medo e da tensão pode facilmente suplantar o desespero e a irremediabilidade de uma existência difícil. Isso mostra que a sociedade cria métodos de redução do *stress* e de isolamento por meio da ação grupal.

Logo, acho que não é "coincidência" o fato de nós, seres humanos, termos sido agraciados com esse grande poder conhecido como EAC. A morte consciente é apenas um tipo de EAC que a humanidade pode usar a fim de evoluir espiritualmente.

A consciência e a nova física

A Associação Americana para o Progresso da Ciência tratou formalmente desse assunto num simpósio, realizado em 1979, com o título "O Papel da Consciência no Mundo Físico". Willis Harman, do SRI [Stanford Research Institute], proclamou que os dados então à mão só poderiam ser explicados se os cientistas tivessem como pressupostos quatro axiomas-chave com relação à consciência humana e aos seus atributos. Os axiomas de Harman propunham que a mente tem extensão espacial (o aspecto extensivo); que a mente tem extensão temporal (o aspecto protensivo); que a mente domina em última análise o físico (o aspecto psicodinâmico); e que as mentes se acham unidas (o aspecto concatenativo). A rejeição de qualquer desses axiomas torna os dados inexplicáveis.

Além do espaço-tempo, encontramos a pura consciência. Não podemos vislumbrar a sua natureza, mas também não podemos negar sua presença dominante. Essa dualidade levou a um impasse científico. Basta examinar a pletora de fenômenos inexplicáveis registrados na literatura: a psicocinesia, a inclinação da luz pelo pensamento, a materialização e a desmaterialização, a viagem astral, a viagem fora do corpo, a clarividência e a precognição, a reencarnação, os campos áuricos ao redor de coisas vivas, a telepatia, a psicometria, o teletransporte, a levitação, a cura pela mente ou com as mãos, etc.

A física quântica, a nova física, revolucionou por completo a nossa visão mecânica do universo do século XIX. A nova física afirma que a realidade não é fixa e que mesmo a natureza física da matéria é questionável. A consciência é parte muito importante da física quântica, enquanto no modelo newtoniano não se fazia presente. O nosso universo hoje não é nem objetivo (independente de um observador) nem determinado (previsível). Nada é real até ser observado, afirma a física moderna.

Eis o paradoxo: precisamos de partículas da matéria para compor os objetos do nosso mundo cotidiano (incluindo nós) e precisamos de um objeto desse mesmo mundo cotidiano (nós) para definir e observar essas partículas. Observação implica consciência. Logo, a consciência é parte da equação matemática.

As leis anteriores de Newton e de Maxwell mostravam um universo previsível. Toda causa tinha um efeito e todo efeito, uma causa. Podiam-se deduzir o passado e o futuro se se conhecessem as condições iniciais de um estado. A consciência era explicada como um epifenômeno da estrutura de base, formada por partículas elementares e pelas forças entre essas partículas.

Ao expressar a idéia de sua época de que a física se encontrava essencialmente completa, um importante físico teórico, William Thompson (Lorde Kelvin), observou apenas duas exceções: o fracasso na detecção do éter e a incapacidade de compreender a radiação dos corpos escuros (corpos que absorvem toda a radiação que neles cai). O problema da radiação dos corpos escuros levou à física quântica (que trabalha com partículas subatômicas), e os resultados negativos da experiência de Michaelson-Morley (o fracasso na detecção do éter), à teoria einsteiniana da relatividade – o fundamento da física moderna. A física clássica viu-se assim reduzida a um caso especial desses novos princípios, mais abrangentes.

Como o quadro de referência do observador tinha de ser considerado, a consciência foi introduzida nas equações da física quântica. O conhecido físico quântico Fred Alan Wolf afirma:

> A física clássica sustenta que há um mundo real diante de nós, agindo independentemente da consciência humana. Nessa concepção, a consciência deve ser construída a partir de objetos reais, como neurônios e moléculas. Ela é um subproduto das causas materiais que produzem os muitos efeitos físicos observados.
>
> A física quântica indica que essa teoria não pode estar certa – os efeitos da observação "se associam" ao mundo real, ou nele penetram, quer queiramos ou não. As opções feitas por um observador alteram de maneira imprevisível os eventos físicos reais. A consciência está profunda e inextricavelmente envolvida nesse quadro, não sendo um subproduto da materialidade.[3]

---

3. Fred Alan Wolf, *The Body Quantum: The New Physics of Body, Mind and Health*, Nova York, Macmillan Pub Co., 1986, p. 257.

A consciência não era considerada estritamente como partículas, mas podia aparecer quer como ondas ou como partículas. Isso explica as experiências de visão remota durante as quais o aspecto ondulatório da consciência da pessoa que passa por uma EFC pode percorrer distâncias e lembrar-se de modo preciso do que foi observado.

A física quântica foi estudada coletivamente pela primeira vez em Copenhague, durante os anos 1920. O que emergiu dessa conferência foi o conceito de que nenhum evento quântico ocorre até ser observado. Todos os eventos existem em *potentia* (termo de Heisenberg), mas é a consciência do observador que os faz penetrar naquilo que denominamos realidade.

Isso efetivamente causa um problema para os defensores da teoria segundo a qual a criação do nosso universo se deveu ao *big-bang* [literalmente, "grande explosão"]. Essa teoria postula que o nosso universo surgiu há aproximadamente 15 bilhões de anos, quando algum estado inicial dotado de uma fenomenal densidade explodiu. Os seres humanos só surgiram em cena muito recentemente; assim, como poderia essa explicação ser compatível com a física moderna? Ela não é. A nova física rejeita essa hipótese e afirma nitidamente que nada existe como real até que o observemos.

> Comportar-se diante do luto
> de maneira compreensiva
> e com autocontrole...
> é um sinal de evolução da alma

CAPÍTULO 7

A Morte e a Nova Física

Como o moderno conceito do tempo afirma que ele não flui, temos de alterar os nossos conceitos da morte. A nova física provocou uma total reviravolta no antigo conceito de tempo linear. Ainda não se fez um experimento físico que detecte a passagem do tempo. Refiro-me à noção do tempo da teoria da relatividade e da mecânica quântica — e não ao conceito newtoniano tradicional.

Assim sendo, a nossa concepção da morte é incompatível com essa definição do tempo. Como depende da nossa consciência, que é subjetiva, o tempo não pode ser demonstrado cientificamente (exceto no mundo subatômico). O homem moderno ainda tem dificuldade para aceitar isso. É a nossa mente que supõe que o tempo flui, e não a natureza. Percebemos periodicamente eventos que simplesmente "existem", e a percepção em série de muitos eventos desse tipo acaba tomando a forma do que interpretamos como fato indiscutível da natureza, o fluxo do tempo.

O problema está em nossa tendência de nos apoiar no senso comum na formulação das nossas concepções sobre a morte. Trata-se de uma atitude tola, visto que nenhum de nós tem lembranças da morte, salvo se tivermos renascido conscientemente. A única exceção é a EQM, mas muitas pessoas ainda buscam outras maneiras de registrar esse tipo de experiência "em primeira mão". Einstein descreveu certa vez o senso comum como o depósito de preconceitos que se acumulam na mente humana antes de a pessoa fazer 18 anos.

A morte faz parte do mundo natural tanto quanto a vida, e quando a ciência fala do mundo natural, que inclui o fenômeno do tempo (e, portanto, a morte), temos de ouvir o que ela diz. Não podemos escolher o que quisermos, extraindo apenas as concepções científicas modernas que julgarmos convenientes. Temos de examinar o quadro completo que a ciência oferece; portanto, não podemos ignorar o que a nova física nos revelou acerca da natureza do tempo.

A tanatologia é hoje uma ciência respeitada. Essa disciplina "da morte e do morrer" conta hoje com inúmeros seguidores não profissionais, além dos profissionais de saúde. Várias revistas profissionais tratam de temas tanatológicos. Escolas médicas treinam os futuros doutores nessa arte. A morte é hoje discutida na sociedade mais do que em qualquer outra época.

Mesmo com toda essa "receptividade" com relação à morte, persiste a noção do tempo linear fluente. O único evento em si é o próprio universo. O psicólogo Lawrence LeShan formulou uma concepção do nascimento, da vida e da morte que gira em torno de um conceito de tempo não linear empregando a física quântica.[1]

Ele observou que o nascimento e a morte demarcam as duas extremidades da vida, formando fronteiras para ela. Notando que o tempo no sentido moderno não pode ter limites impostos a si, LeShan deduziu que a morte como um fim é incoerente com uma moderna visão de mundo. Ele incorporou outros conceitos, como a teoria do campo, para desenvolver uma argumentação lógica em favor da sobrevivência depois da morte.

Por maior que seja o impacto de sua teoria, muitas pessoas negam a possibilidade de se tentar raciocinar sobre a morte dessa maneira. A nossa história está cheia de exemplos de idéias radicalmente novas que no início foram objeto de zombaria, mas que terminaram por ser aceitas. O sistema solar copernicano em comparação com o de Ptolomeu, os conceitos evolutivos de Darwin e a passagem da física newtoniana clássica à física quântica são apenas alguns exemplos. Heráclito definiu isso melhor: "A única constante é a mudança."

A maioria das pessoas julga o tempo linear um conceito assentado, creio eu, para evitar o caos. Se não pudesse dividir o tempo em passado, presente e futuro, em pequenas caixinhas bem identificadas, a maioria das pessoas ficaria em pânico. Não são essas as divisões que usamos para avaliar a sanidade? Aquele que vive no passado ou no futuro é considerado psicótico.

Mesmo os físicos quânticos ignoram, ao que se diz, o conceito de tempo. Embora ponderem sobre isso o dia inteiro no laboratório, em sua vida pessoal retornam à mentalidade do tempo linear em seu comportamento cotidiano.

Einstein era uma clara exceção a isso. Ele com toda a certeza praticava o

---

1. Lawrence LeShan, *The Medium, the Mystic and the Physicist*, Nova York, Viking Press, 1974.

que pregava. Einstein agradeceu ao amigo Michele Besso por sua colaboração no trabalho com a teoria da relatividade. Os dois trabalhavam no escritório de patentes de Berna. A amizade entre eles durou muitos anos.

Besso morreu em 1955, e Einstein escreveu ao seu filho e à sua filha a seguinte carta:

> A base da nossa amizade assentou-se em nossos anos de estudantes em Zurique, onde nos encontrávamos regularmente em noites musicais... Mais tarde, o Escritório de Patentes nos reuniu. As conversas que entabulávamos na volta para casa se revestiam de um encanto inesquecível... E agora ele me precedeu por um breve tempo no dar adeus a este estranho mundo. Isso nada significa. Para nós, físicos que crêem, a distinção entre passado, presente e futuro não passa de ilusão, ainda que renitente.[2]

Creio que esse exemplo ilustra o fato de podermos usar os princípios da nova física em nossa própria vida para fins de evolução espiritual. Comportar-se diante do luto de maneira compreensiva e com autocontrole, em vez de dar a resposta emocional "medíocre" típica, é um sinal de evolução da alma. Esta é também uma das muitas vantagens da morte consciente, que se configura como um "caminho dotado de coração", como diria o Don Juan de Castañeda.[3]

A transformação pessoal de Einstein, em termos filosóficos e espirituais, que teve como base a nova física, aplica-se a todos nós. A substituição dos nossos antigos preconceitos por uma definição da morte que lhe dê uma finalidade pode-nos permitir a evolução espiritual e a criação da nossa própria realidade positiva. Esta não é apenas uma boa idéia: a física quântica demonstra, matemática e experimentalmente, ser isto um fato.

Se o legado de Einstein resultar na superação dos nossos temores da morte, sua obra será muito mais importante do que a mera fissão do átomo. As nossas concepções da morte têm sido incorretas porque se baseiam em duas hipóteses falsas. Supomos que o nosso corpo pode ser localizado no espaço tal como poderíamos indicar uma pedra. Isso está em conflito com o relacionamento dinâmico que mantêm as coisas vivas com o universo no qual existem.

Todas as partículas só podem ser descritas em termos de seus relacionamentos mútuos. Nenhum elemento existe em si mesmo. O Princípio de Incerteza de Heisenberg na física quântica demonstra com nitidez que não pode-

---

2. Banesh Hoffmann e Helen Dukas, *Albert Einstein, Creator and Rebel*, Nova York, Plume Books, 1973, p. 257.
3. Carlos Castañeda, *Journey to Ixtlan: The Lessons of Don Juan*, Nova York, Simon & Schuster, 1972.

mos saber com precisão, em nenhum momento dado, a trajetória e a localização de uma partícula subatômica. Quando determinamos um desses fatores, fazemo-lo em prejuízo de outro. Como os nossos corpos se compõem dessas partículas, como poderemos justificar a nossa exclusão desse princípio?

O segundo pressuposto falso é o de que a morte tem de ser o fim de "alguma coisa". O problema está nessa "alguma coisa". Se for a consciência, já discutimos o erro dessa suposição no capítulo anterior. A unidade básica da consciência, de acordo com o físico quântico Evan Harris Walker, é o próprio *quantum*.

Meu propósito aqui é tornar a sua mente receptiva a novas possibilidades. Examine as filosofias orientais, compare-as com a nova física ocidental e perceberá que elas caminham para a fusão, em vez de seguir direções opostas.

> As lembranças são a única
> dádiva real que um pai/mãe
> pode conceder
> aos filhos

CAPÍTULO 8

Os Estágios do Morrer

Elizabeth Kübler-Ross publicou, em 1969, seu campeão de vendas internacional, *On Death and Dying* (Macmillan). Nesse clássico de tanatologia, ela apresenta os cinco estágios do morrer. São eles:

1. *Negação e Isolamento*. Durante esse estágio, os pacientes recusam-se a aceitar o fato doloroso de que vão morrer. Eles também tendem a isolar-se da família e dos amigos. "Não, eu não, não pode ser verdade. Deixem-me sozinho."

2. *Raiva*. Sentimentos de raiva, de inveja, de cólera e de ressentimento dominam esse estágio. "Por que eu? Por que não pode ser outra pessoa?" Esse estágio é mais difícil para o paciente acostumado a estar no controle de sua vida.

3. *Barganha*. "Se eu pedir a Deus com delicadeza, talvez ele não me leve agora." O paciente está nesse momento desesperado por conseguir qualquer coisa que lhe prolongue a vida. É comum que o paciente estabeleça um prazo final (um casamento, uma formatura, um aniversário, etc.), prometendo que não vai pedir mais nada.

4. *Depressão*. O paciente acha-se agora abatido por uma grande sensação de perda. Esse estágio de expectativa da morte associa-se à convicção de que ela ocorrerá cedo. "Quisera ter feito mais na minha vida."

5. *Aceitação*. Trata-se de um estágio "entorpecedor" caracterizado por um inte-

resse cada vez menor pelo mundo exterior e pelo desejo de ficar sozinho. O paciente agora aceita a realidade de sua morte iminente. "Eu simplesmente não posso lutar mais."

As pessoas nem sempre seguem esse padrão clássico — negação, raiva, barganha, depressão e, por fim, aceitação. Não é incomum que dois ou mais deles aflorem simultaneamente. Eles podem inclusive não ocorrer nessa ordem. Quando o paciente chega ao estágio da aceitação, mas regride para algum outro, temos de examinar a nossa incapacidade de deixá-lo partir, porque é esse apego da nossa parte a causa mais provável disso. Isso pode ser provocado por artifícios desnecessários de extensão da vida ou por parentes que projetam culpa no paciente por deixá-los nesse momento. Esse princípio só se aplica ao estágio da aceitação.

Os entes queridos podem assistir o paciente moribundo na aplicação de técnicas de morte consciente. Essa é a minha principal recomendação, é claro, mas para os membros do círculo de relações do paciente a informação deste capítulo pode mostrar-se útil para assistir tanto a pessoa prestes a morrer como a família em seu crescimento espiritual.

Se no estágio da raiva, pudermos, em vez de julgar o paciente, aprender a assisti-lo, apressaremos a sua passagem para o estágio da barganha. Lembre-se de que o paciente vai tentar "pôr a casa em ordem" muito antes de admitir que "isto está acontecendo comigo".

Informar ao paciente a seriedade da sua doença deve ser responsabilidade do médico. Se este não der essa notícia ao paciente, alguém deve fazê-lo; o paciente tem o direito de saber se a morte é iminente. Um membro da família pode e deve assumir esse papel.

Não se devem tratar os pacientes à morte com pena. Eles são seres humanos e, em alguns momentos, podem querer falar, assim como, em outros momentos íntimos, o indicado é que possam ficar sozinhos. Há ocasiões em que a pessoa pode simplesmente pedir que o outro se sente ao seu lado e segure a sua mão. Se não souber o que dizer, tente "Isso é difícil para você?" ou "Você quer que eu faça alguma coisa?"

O paciente à morte nega com muita facilidade sua condição. No capítulo 4, referi-me à negação geral da morte pela nossa sociedade. Uma vez que tanto a família como o paciente enfrentam e aceitam o fato de serem fisicamente finitos, a vida assume um novo sentido e um novo valor. Nesse momento, não estou tratando da nossa imortalidade nem do processo da morte consciente.

As pessoas encarregadas de cuidar de pessoas à beira da morte (ver o capítulo 17) costumam ficar frustradas quando enfrentam a raiva de um paciente. A primeira resposta a isso deveria ser tentar descobrir o que justifica essa raiva. Se for alguma coisa retificável, deve-se fazer tudo para corrigir a situação. Entretanto, se se tratar do clássico "Por que eu?", faça-o saber que você pode compreender a sua raiva e teria a mesma reação se estivesse na situação dele. Permitindo-lhe ventilar a sua angústia sem gerar nele sentimentos de culpa e sem menosprezá-lo, você o ajuda a evoluir e a encarar a sua situação. E você também vai evoluir.

Outra síndrome a observar é a morte parcial. Os pacientes mais velhos nas casas de repouso e hospitais que "vegetam", simplesmente existem, estão nessa situação. Como talvez não tenham uma família que se importe com eles e já que sentem que não têm futuro, eles assumem uma postura de desistentes. Toda pessoa tem alguma contribuição a dar caso se permita que se manifeste. A família tem de fato a responsabilidade de dar amor e apoio a esses pacientes, para que eles tenham uma oportunidade.

Os tanatologistas há muito observaram que o verdadeiro valor da vida pode ser aprendido com os pacientes moribundos. Se a maioria das pessoas pudesse atingir o estágio da aceitação em tenra idade, poder-se-iam levar vidas mais plenas de sentido.

Outro fato que merece consideração é a morte acidental súbita ou o suicídio. É fundamental que a família veja o corpo. Por mais mutilado que o cadáver esteja, é importante que a família veja ao menos parte de um corpo identificável para chegar a um acordo com a realidade da morte. Se isso não ocorrer, pode vir a estabelecer-se um estado geral de negação com vários anos de duração.

É também importante compreender o modo como o paciente moribundo encara a esperança. São dois os aspectos da esperança que podem aflorar. No começo, trata-se da esperança de cura da doença e de prolongamento da vida, algo que também sentem a família e as pessoas do hospital. Finalmente, essa esperança adquire as feições do segundo tipo, o da vida depois da morte ou da preocupação com as pessoas que o paciente vai deixar. É crucial que escutemos o paciente e não projetemos nele nossos sentimentos ou medos. Só assim poderemos ajudá-lo.

Um pai/mãe com doença terminal tem a responsabilidade de discutir a situação com os filhos, de preferência com cada um em particular. O paciente precisa prepará-los especialmente se forem crianças. Se pudéssemos viver cada dia como se fosse o último, seria muito facilitada a fruição de cada um e de todos os momentos. As lembranças são a única dádiva real que um pai/mãe pode conceder aos filhos.

Para a família, a culpa é o resultado mais comum da morte de um ente querido. "Se eu tivesse chamado o médico antes" é uma afirmação freqüente de membros da família. É preciso tranqüilizá-los, mostrando que provavelmente fizeram tudo o que era possível. Os parentes costumam sentir essa culpa devido a desejos e atitudes de raiva passados que tiveram como alvo a pessoa que partiu. Essa raiva irresolvida pode ser bastante destrutiva e redundar, se não for tratada, em doenças psicossomáticas.

Meu principal foco neste capítulo é dizer que a morte é uma circunstância que se precisa enfrentar abertamente. Causamos mais males evitando ou disfarçando a questão do que usando o tempo para estar com o paciente e escutá-lo. A negação social da morte não nos preparou adequadamente para encarar esse momento tão significativo da vida.

Enquanto o paciente tiver consciência de que nos dispomos a conceder-lhe um tempo extra para ouvi-lo e para lhe fazer companhia, veremos em sua atitude uma reação de esperança e de alívio cada vez maior. Sendo sensíveis às necessidades do paciente terminal, facilitamos ambas as reações, componentes-chave de uma transição tranqüila.

> ...É possível à consciência
> existir na ausência do corpo físico...,
> o que indica que a consciência pode
> sobreviver à morte

CAPÍTULO 9

A Experiência Fora do Corpo

Como a morte consciente (ECFC) é uma espécie de experiência fora do corpo (EFC), uma discussão detalhada desse fenômeno será o tópico deste capítulo. Já discuti as EQMs em detalhe no capítulo 2, razão por que aqui trataremos apenas das EFCs (ver capítulo 1) que, predominantemente, não envolvem uma morte clínica nem correspondem a uma reação a uma época de extrema tensão.

Usava-se há anos o termo "projeção astral" para descrever as EFCs. Na época, a maioria das pessoas que passavam por esse fenômeno era reticente em discuti-lo. Temia ser ridicularizada ou mesmo considerada insana, muito embora vários milhares dessas experiências tivessem sido observados.

Uma noite, deitada na cama e ouvindo música de câmara tocada pelo marido e amigos no cômodo debaixo, a senhora Caroline Larsen diz que:

> Vi-me tomada por uma sensação de profunda depressão e apreensão... e, logo, um entorpecimento foi-me dominando até paralisar todos os meus músculos... No momento seguinte, vi-me de pé no teto, ao lado da cama, olhando atentamente para o meu corpo físico que ali jazia.[1]

---

1. Robert Crookall, *More Astral Projections*, Nova York, Citadel Press, Carol Publishing Group, 1964.

Essa dona de casa de Vermont desceu as escadas em seu "corpo astral" e tomou lugar na reunião de músicos. Mais tarde, voltou ao corpo físico, e o marido confirmou os detalhes daquilo que a sua mulher lhe disse, ainda que ninguém se tenha dado conta da presença dela.

O cientista não dá muito crédito a relatos anedóticos como esse, mas uma observação que costuma ser relatada é a presença de um cordão prateado que liga o corpo físico ao astral.

Uma dona de casa britânica, a senhora H.D. Williams, relata que, no curso de uma EFC espontânea, viu "um cordão branco brilhante, de 5 a 8 centímetros de largura" que "estava preso à cabeça do meu corpo físico".

A doutora Louisa Rhine, da Foundation for Research on the Nature of Man, da Universidade Duke, afirma que parece haver três tipos de EFCs.[2]

No primeiro tipo, a pessoa é envolvida numa forma de aparição. Um sujeito que passou por isso relatou:

Fui despertado pelo sol brilhante que, penetrando pela porta, atingia meu rosto e meus olhos. Levantei-me para fechar a porta... e quando olhei no espelho, vi ali uma coisa muito estranha. Parecia-se comigo, mas era apenas uma imagem em vapor branco de mim mesmo... Quando voltei para a cama, lá estava eu deitado e dormindo profundamente. Havia dois eus.

A experiência de ter a "consciência" de flutuar no espaço é o segundo tipo, bem caracterizado pela seguinte observação:

Eu estava [flutuando] perto do teto da janela norte, que dava para o jardim dos fundos. A cor de todas as coisas era vívida e reluzente. Não me percebi como tendo alguma forma. O tempo estava suspenso; de súbito, eu estava novamente na cama, sentindo o peso do meu corpo.

O terceiro tipo é caracterizado pela privação de qualquer espécie de corpo por parte daquele que percebe.

Há 25 anos, fiquei gravemente doente, tendo sido levado às pressas para o hospital... Eu me sentia como se estivesse prestes a morrer... Por fim, uma luzinha começou a pairar acima da minha forma imóvel, e todos os meus sentidos foram transferidos para ela... Eu, ou melhor, a luzinha, voou ao redor da sala de operações observando tudo o que ali se passava.

---

2. Robert Crookall, *The Study and Practice of Astral Projection*, Nova York, Citadel Press, Carol Publishing Group, 1961.

A primeira cronologia real das EFCs resulta da obra do ocultista britânico Oliver Fox. Fox descreve uma EFC clássica e afirma que o "mundo" que se observa durante uma experiência dessas não é uma réplica exata do mundo físico. Ele é também notável por ter a capacidade de induzir sonhos lúcidos (sonhar sabendo que está sonhando) e de manipular esses "sonhos de conhecimento" para fazê-los EFCs (ver capítulo 6). Ele escreveu:

> Eu me encontrava deitado na cama à tarde e foi então que passei pelo Falso Despertar, imaginando que minha mulher e dois amigos, sentados na sala, conversavam. Senti-me muito cansado para participar dessa conversa e "fui dormir" novamente. Quando voltei a perceber o ambiente, dei-me conta de que estava no Estado de Transe [catalepsia] e podia deixar o corpo. Assim, sentei-me (fora do corpo, por assim dizer) e então, preguiçosamente, saí da cama. A consciência dual era muito forte. Pude me ver deitado na cama e de pé ao lado dela, as pernas pressionando a coberta, ao mesmo tempo; embora pudesse ver todos os objetos do quarto com grande nitidez, não pude ver o meu corpo físico quando por ele procurei na cama. Tudo parecia tão real quanto na vida desperta — mais do que isso, extravívido —, e eu me senti indescritivelmente bem e livre, o cérebro parecendo extraordinariamente ativo. Saí da cama e caminhei vagarosamente pelo quarto até a porta, percebendo que o sentido de consciência dual diminuía à medida que eu me afastava do corpo; mas justo quando eu estava para deixar o quarto, meu corpo me atraiu de volta instantaneamente e o transe acabou.[3]

O americano Sylvan Muldoon descreveu muitas EFCs. Sua contribuição mais significativa foi a descrição do "cordão prateado" que liga os corpos físico e astral. O cordão ficava cada vez menos espesso à medida que ele se afastava do corpo físico. Ele sentiu uma crescente redução da consciência quanto mais o cordão de prata era esticado.

Ao contrário de Fox, Muldoon era capaz de afetar a matéria física durante uma EFC. Ele relata ter virado um colchão e posto um metrônomo em movimento.

Entre outras crônicas de EFC, estão: a de Marcel-Louis Forhan, místico francês, que fez muitas viagens pela China, e que escreveu suas experiências com o pseudônimo de Yram num livro intitulado *Practical Astral Projection*; a de Cora Richmond, uma médium americana que escreveu sua autobiografia: *My Experiments Out of the Body*; a de Vincent Turvey, médium e espiritualista

---

3. Oliver Fox, *Astral Projection*, Londres, University Books, 1962.

britânico, no seu *The Beginnings of Seership*. Houve ainda as de William Dudley Pelley e da senhora Shine Gifford, que tiveram complexas experiências narradas na forma de livretos.

O professor de matemática da Universidade Capetown, J. H. M. Whiteman, detalhou suas EFCs no livro *The Mystical Life*. Whiteman assinala que a pessoa entra numa réplica não-física do mundo físico. É a percepção condicionada do sujeito que controla a forma e a estrutura dessa dimensão astral. À medida que o observador se orienta para esse plano não-físico, altera-se a percepção deste mundo, que fica mais místico.

Whiteman percebeu-se em algum tipo de "forma" durante uma EFC, tendo sentido uma "pancada" na nuca quando voltou ao corpo físico. Ele descreveu "panorâmicas visuais circulares" durante o começo da experiência.

A separação se iniciou com uma "panorâmica especial" em que a superfície de uma parede caiada, a 50 centímetros de distância, foi estudada, sendo marcada pela plena clareza de idéia e por impressões visuais de uma posição especial precisa e de ver "através das pálpebras" dos olhos físicos, que permaneceram conscientemente fechados. A panorâmica foi substituída por uma outra em que vi, em amplos planos, um território coberto de urzes, tendo diante de si um terreno acidentado; quase de imediato, tive por alguns momentos a consciência de estar sendo catapultado para essa cena, sentindo-me em meio dela.[4]

As características comuns relatadas por pessoas que passaram por EFCs incluem:

- Sensações de deixar o corpo físico e de a ele voltar.
- A experiência da consciência dual quando estavam nas proximidades do corpo físico.
- Uma percepção mais vívida das cores e dos objetos.
- A observação de cenas de beleza inexplicável. De modo geral, essas cenas não tinham nenhuma relação com o ambiente físico.
- Sensações de "pancadas" na nuca quando a EFC demora demais. Isso precede a volta ao corpo físico.
- O mundo astral costuma ser um tanto diferente do mundo físico.

---

4. Hornell Hart, "Scientific Survival Research", *Inter. Journal of Parapsychology*, nº 9, 1967, pp. 43-52.

Fox escreveu sobre uma interessante verificação de uma EFC. Certa noite, sua namorada Elsie disse-lhe que projetaria o corpo astral no quarto dele. Como ela nunca visitara esse quarto, Fox ficou surpreso quando Elsie descreveu a disposição dos móveis no dia seguinte.

Os experimentos de laboratório para demonstrar essa visão remota foram iniciados por S. H. Beard. Beard era amigo de Edmundo Gurney, um dos pioneiros da Society for Psychical Research. Gurney detalhou a pesquisa de Beard num livro intitulado *Phantasms of the Living*.

Eleanor Sidgwick, outra pioneira dessa sociedade, publicou um relato da senhora Wilmot em seu texto "Das Provas em Favor da Clarividência", publicado nas *Proceedings* da SPR. Certa noite, em Bridgeport, Connecticut, a senhora Wilmot estava bastante preocupada com a segurança do marido durante o cruzamento do oceano Atlântico num dia tempestuoso. Ela teve uma EFC e materializou-se no navio, tendo beijado o marido diante do seu companheiro de camarote. Esse homem, William Tait, zombou do senhor Wilmot, referindo-se à sua namorada, dizendo que iria contar à esposa daquele sobre o incidente. Mais tarde, quando a senhora Wilmot e Tait compararam as anotações feitas, afloraram inúmeros itens que corroboravam o relato dos dois.

Só na década de 60 dois eminentes cientistas, Robert Crookall e Charles Tart, fizeram contribuições para a pesquisa das EFCs. O doutor Crookall coligiu cerca de mil relatos de narrações diretas que lhe foram enviadas e da literatura científica. Acham-se entre os seus livros: *The Study and Practice of Astral Projection, More Astral Projections* e *Case-book of Astral Projection*.[5]

Crookall detalha quatro tipos distintos de análises dos seus dados. O primeiro baseia-se na "Lei de Evidência de Whatley". Esse princípio afirma que, se um número suficiente de testemunhas independentes que não tenham podido entrar em conluio para falsificar um relato concorda na descrição das características de uma observação, então a observação tem uma alta probabilidade de ser verdadeira. Seis elementos fundamentais vieram à luz: (1) O sujeito sente que está deixando o corpo físico pela cabeça. (2) Ocorre uma perda da consciência no momento em que esta se separa do corpo. (3) O corpo da aparição paira acima do corpo físico. (4) O corpo da aparição retoma essa posição antes do término da experiência. (5) Ocorre uma perda da consciência no momento da reintegração. (6) A reentrada rápida provoca um choque no corpo físico.

Outras observações incluíam ver outras aparições, percepção extra-sensorial e a presença de um cordão de prata.

---

5. Todos publicados pela Citadel Press, Carol Publishing Group, Nova York, em 1961, 1964 e 1973, respectivamente.

A segunda análise de Crookall revelou que as EFCs espontâneas eram mais vívidas, diferindo das forçadas (EQMs, drogas, etc.). Sua terceira análise revelou que os médiuns reportavam experiências semelhantes às do tipo forçado, ao passo que os não-médiuns apresentavam o perfil das EFCs espontâneas. Na quarta análise, Crookall observou que muitas EFCs ocorrem em dois estágios. Um estado inicial de confusão caracteriza o primeiro estágio de uma EFC. Ao final dessas EFCs, o sujeito perdia momentaneamente a consciência e sentia uma certa vertigem ao voltar para o corpo físico.

Charles Tart deu importantes contribuições à pesquisa das EFCs. Na qualidade de psicólogo experimental da University da Califórnia, em Davis, ele acompanhou EFCs recorrendo à monitoração de padrões de ondas cerebrais (EEG) no ambiente controlado de um laboratório. O primeiro sujeito de Tart, Robert Monroe, exibiu o sono REM (rápidos movimentos oculares, indicação de sonho), tendo demonstrado de maneira correta a visão remota. Monroe (hoje falecido) mais tarde escreveu livros, como *Journeys Out of the Body*, que detalha essa pesquisa.[6]

Como Tart fez que seus sujeitos lessem bilhetes e repetissem verbalmente combinações numéricas colocados em salas fisicamente separadas do laboratório, essas provas de visão remota mostraram-se fundamentais na promoção desse fenômeno tão incomum de uma perspectiva científica. Outros exemplos de experimentos com a visão remota estão no trabalho de Russell Targ do Stanford Research Institute (SRI) nas décadas de 70 e 80. Nesse caso, o Departamento de Defesa dos Estados Unidos gastou milhões de dólares do contribuinte em pesquisas sobre EFCs.

O estudo das EFCs saiu de seus primórdios anedóticos e penetrou no domínio da experimentação científica. As pesquisas sobre EFCs demonstram ser possível à consciência existir apartada do corpo físico. Isso sugere que a consciência pode na verdade sobreviver à morte. Algumas das leituras do EEG feitas por Tart assemelham-se às encontradas nos praticantes da meditação, o que sugere uma natureza comum dessas experiências "místicas". Por último, a percepção extra-sensorial tão freqüentemente notada durante uma EFC praticamente deixa a impressão de que a mente recorre propositalmente a esse estado a fim de reunir informações que não estão prontamente disponíveis ao corpo físico.

---

6. Robert Monroe, *Journeys Out of the Body*, Nova York, Doubleday, 1973.

Os sonhos lúcidos

Nos sonhos lúcidos, aquele que sonha sabe que está sonhando. É freqüente que possa dirigir o resultado do sonho. Stephan LaBerge, do Centro Médico Stanford, fez as pesquisas mais exaustivas nesse campo. Afirma ele que, nesse estado, controlamos o conteúdo do sonho. Os sonhos lúcidos são usados pelos sujeitos dos experimentos de LaBerge a fim de encontrar soluções para problemas cotidianos. Esses seus sonhos constituem uma espécie de simulação de diferentes cenários, sendo uma forma de experiência fora do corpo.

LaBerge chama seu método de "Mnemonic Induction of Lucid Dreams" [Indução Mnemônica de Sonhos Lúcidos], ou MILD. LaBerge esboça sua técnica de indução em quatro etapas, em seu livro intitulado *Lucid Dreaming*; uma das condições prévias para o uso da técnica é a forte motivação de ter um sonho lúcido:[7]

1. Em algum momento das primeiras horas da manhã, quando você tiver acordado espontaneamente de um sonho, revise mentalmente, de imediato, todos os detalhes do sonho, repetindo o processo várias vezes até tê-lo memorizado por completo.

2. Então, enquanto ainda estiver deitado na cama, repita para si mesmo várias vezes: "Da próxima vez que estiver sonhando, desejo lembrar-me de perceber que estou sonhando."

3. Tendo repetido a frase, veja-se a si mesmo de volta ao sonho que você acabou de ter, desta feita imaginando que se dá conta de que sonha.

4. Mantenha a visualização na mente até que ela esteja claramente memorizada ou até que você volte a dormir.

A prática dos sonhos lúcidos é muito antiga. No Tibete, a capacidade de manter-se desperto nos sonhos era considerada um requisito da evolução espiritual, sendo conhecida como a Ioga do Estado Onírico, ou *Milam*. Em seu livro *The Tantric Mysticism of Tibet*, o notável orientalista e tradutor do *I Ching* John Blofeld afirma: "Nessa ioga, ensina-se ao adepto a entrar em estado onírico a bel-prazer, a explorar suas características e a voltar ao estado desperto sem nenhuma ruptura do seu fluxo de consciência normal. Assim agindo, ele descobre a natureza ilusória de ambos os estados e aprende a morrer... e a renascer sem perda de memória."[8]

---

7. Stephan LaBerge, *Lucid Dreaming*, Nova York, Ballantine, 1986.
8. John Blofeld, *The Tantric Mysticism of Tibet*, Boston, Shambhala, 1987.

A cura e as experiências fora do corpo

O reexame das EQMs (ver o capítulo 2) será mais do que uma ilustração dos efeitos de cura das EFCs. Como a EQM reflete antes a morte inconsciente do que a consciente, um estudo das EFCs menos extremas é mais proveitoso do ponto de vista do tema deste livro.

As curas religiosas têm sido documentadas desde os primórdios da história registrada. Elas se caracterizam por:

- Levitação.

- Experiência fora do corpo.

- Passagem para universos extrafísicos durante a hipnose, ou sonhos lúcidos e a meditação profunda.

- Influência deliberada imposta por uma mente ao tecido vivo à distância (telergia).

- Um sentimento de júbilo ou o surgimento de uma presença especial em seu local de culto por parte de místicos e santos.

Tanto o Antigo como o Novo Testamento relatam vários exemplos dessas curas. Meu recente livro, *Soul Healing*,[9] documenta-os em detalhe. Os mais interessantes casos são as curas que ocorrem em Lourdes. Em 1883, 25 anos depois de Bernadette Soubirous ter sua famosa visão da Virgem Maria nesse lugar da França, a Igreja Católica fundou um posto médico ali. Este, com a colaboração de um Comitê Médico Internacional, documentou centenas dessas curas milagrosas. Os agraciados descrevem muitas vezes EFCs espontâneas durante sua visita a esse santuário.

A prática do xamanismo também sugere a morte consciente e curas por meio de EFCs, muito embora apresente uma diferença sobremodo incomum: é o xamã que deixa o corpo e vai procurar ajuda para um paciente enfermo. Rotularam-se os "vôos mágicos" dos xamãs "jornadas extáticas"; elas envolvem uma complexa viagem acima e abaixo da terra em busca de "almas fugitivas". Uma alma perdida tem de ser capturada e devolvida ao seu lugar certo no interior do corpo do paciente para que a cura tenha eficácia.

Concebe-se o universo em geral como composto de três níveis — o céu, a terra e o mundo inferior — vinculados por um eixo central. Esse eixo passa por uma abertura, um "furo". O furo é um vestíbulo de propósito múltiplo: os

---

9. Dr. Bruce Goldberg, *Soul Healing*, St. Paul, Mineápolis, Llewellyn Publications, 1996.

deuses passam por ele para descer à Terra, os mortos o empregam para chegar às regiões subterrâneas e a alma do xamã o percorre em ambas as direções quando em êxtase.

A meditação é outro exemplo de cura por meio das EFCs. O estado de meditação profunda, marcado por "uma extraordinária atenção", ou "nirvana", ou "satori", é uma forma de iluminação caracterizada por uma EFC. Trata-se de uma técnica que pode ser usada para desencadear uma ECFC. O afastamento conseguido quando a pessoa se encontra nesses estados constitui um contato com a mente supraconsciente.

As características atribuídas a esse estado de iluminação incluem:

- Um estado de espírito positivo (tranqüilidade, paz de espírito).

- Uma experiência de unidade ou de unicidade com o ambiente; trata-se daquilo que os antigos chamavam de "união do microcosmo (o homem) com o macrocosmo (o universo)".

- Uma sensação de incapacidade de descrever a experiência por meio de palavras.

- Uma alteração nas relações de tempo/espaço.

- Um sentido intensificado de realidade e de propósito.

- Aceitação de coisas que, na consciência cotidiana, se afiguram paradoxais.

Documentaram-se os efeitos de cura da meditação no tratamento da ansiedade, da neurose de ansiedade e das fobias. A meditação é eficaz na promoção da "auto-realização" e da "saúde mental positiva", servindo de adjuvante ao tratamento do abuso de drogas ou de álcool, ou da hipertensão essencial.

A ioga constitui mais um exemplo dessa forma de cura. O espírito encarnado da pessoa entra em sintonia com o Espírito Universal por meio da prática regular de certos exercícios físicos e mentais. Essas posturas e as práticas psicofisiológicas levam a pessoa ao samadhi (suspensão das sensações nervosas), ao samatua (libertação das emoções) e ao dharana (uma concentração focalizada que resulta num estado de afastamento). Vários são os exemplos de curas obtidas durante esses estados de ECFC.

Os princípios básicos da cura através das EFCs podem ser resumidos assim:

- Como se originam num nível espiritual, as energias curativas podem atuar sobre qualquer faceta do ser das pessoas.

- O paciente tem de estar motivado e desejoso de sentir a experiência fora do corpo. Cada pessoa tem livre-arbítrio para aceitar ou rejeitar energias curativas.

- O Eu Superior coordena a união do paciente com o agente da cura pela experiência fora do corpo mediante a energia.

- Não se considera a doença um problema contra o qual lutar. Trata-se de uma condição de desequilíbrio de energias. O propósito da enfermidade é trazer algo à nossa atenção.

- A cura pela experiência fora do corpo coopera com as próprias forças curativas do corpo em vez de se sobrepor a elas.

- A cura pela experiência fora do corpo é completamente natural, e todas as pessoas têm a capacidade de empregar esse recurso de energia curativa.

PARTE II

A Prática da Morte Consciente

PART IV

A Prática da Morte Consciente

> ...segundo os antigos,
> nascemos
> numa inspiração
> e morremos numa expiração

CAPÍTULO 10

Técnicas de Morte Consciente

Sua motivação é a chave do sucesso desta abordagem. As técnicas são na realidade bem simples, e todos podem aplicá-las. A pessoa deve querer de todo o coração alcançar esses objetivos, pois do contrário elas de nada irão valer-lhe.

Ao longo dos anos, fui descobrindo que o uso de fitas cassete produz as mais bem-sucedidas experiências com a hipnose. As transcrições oferecidas neste capítulo podem ser usadas como modelo para que você grave suas próprias fitas.

No lugar em que as transcrições sugerem que se toque música da Nova Era, você pode usar o tipo de música que quiser. Não obstante, a música metafísica é ideal para essas experiências. Se você preferir usar fitas gravadas profissionalmente, entre em contato com o meu consultório e ficarei feliz em enviar-lhe uma lista completa de minhas fitas pré-gravadas de auto-hipnose.

A outra opção é simplesmente ler os roteiros para si mesmo ou para outra pessoa. Se você fizer essa opção, há alguns métodos que o ajudarão a extrair o máximo da experiência. São eles:

1. Leia com firmeza e confiança.

2. Pronuncie as palavras lidas com entusiasmo.

3. Leia lenta e claramente.

4. Leia cada roteiro como se fosse fundamental para a vida da pessoa.

5. Leia cada roteiro como se tivesse acabado de redigi-lo.
6. Leia os roteiros como se fosse a primeira vez.
7. Leia-os todos os dias à mesma hora.
8. Quando for usar os roteiros de meditação, pratique o exercício de meditação geral algumas vezes antes de tentar as meditações para antes da morte e para depois dela.
9. Quando estiver pronto para fazer a meditação para antes da morte, use primeiro o exercício de meditação geral como condicionador e dirija-se com ele para a meditação pré-morte. Quando fizer isso, ignore a instrução de tocar música da Nova Era por 15 minutos no roteiro de meditação geral.
10. A mesma técnica mencionada no item 9 se aplica ao uso do roteiro de meditação pós-morte.
11. O cômodo em que a meditação vai ser praticada deve ter pouca iluminação e estar uns poucos graus acima da temperatura ambiente. Você deve reservar cerca de vinte minutos para usar os roteiros.

A definição ocidental de meditação envolve a concentração em alguma coisa. Os orientais descrevem esse mesmo estado como o transcender de todo o pensamento conceitual para atingir um estado de pura consciência.

A própria meditação é uma forma de morte consciente, visto que, nela, a mente (com m minúsculo) consciente propriamente dita morre, ao passo que a Mente subconsciente e supraconsciente (com M maiúsculo) continua a viver.

Todas as práticas tradicionais de meditação têm que ver com técnicas de respiração. Alguns procedimentos usam um mantra, outros, os cânticos, e outros ainda usam um *koan*. Um koan é uma pergunta que parece não ter resposta. "Que som faz uma única mão batendo palmas?" é um exemplo de koan. O discípulo responde à pergunta mantendo o foco em sua concentração, em total calma, durante várias horas.

Diz-se que a respiração liga toda a vida com a consciência. Ela constrói uma ponte entre a mente consciente propriamente dita e a mente subconsciente. Segundo os antigos, nascemos numa inalação e morremos numa exalação. Chama-se às vezes a respiração de "pulsação da mente", o que sugere um relacionamento direto entre pensar e respirar.

O paciente moribundo pode querer recitar um mantra baseado em sua religião. Por exemplo, os budistas podem cantar "Om Mane Padme Hum". Os cristãos talvez prefiram a oração do Coração de Jesus: "Senhor Jesus Cristo, tende piedade de mim." O antigo "Shi'Ma" ("Ouve, ó Israel, o Senhor nosso Deus, o Senhor é uno") costuma ser escolhido por pacientes judeus. Essas orações podem preceder o momento de tocar as fitas de meditação e devem ser recitadas no ritmo da exalação.

Não se preocupe em usar os roteiros palavra por palavra. É o seu chacra do coração que dirige a sua meditação. Sinta-se livre para aumentá-los e expandi-los. Deixe que o "fluxo de consciência" do seu Eu Superior faça a edição desses roteiros kármicos.

Quando entrar em contato com o Eu Superior (mente supraconsciente), você vai observar o seguinte:

- Um estado de espírito positivo (tranqüilidade, paz de espírito).

- Uma experiência de unidade ou de unicidade com o ambiente; trata-se daquilo que os antigos chamavam de união do microcosmo (o homem) com o macrocosmo (o universo).

- Uma sensação de incapacidade de descrever a experiência por meio de palavras.

- Uma alteração nas relações de tempo/espaço.

- Um sentido forte de realidade e de propósito.

Mesmo as antigas escrituras hindus e zen sobre a meditação assinalam que é muito mais importante *tentar* alcançar o estado do Eu Superior do que alcançá-lo de fato. Pelo simples fato de reservar um tempo para meditar, a pessoa faz um esforço consciente de melhorar a sua saúde. Esse efeito é por definição o oposto do padrão de comportamento que leva ao desgaste excessivo. A importância do simples meditar, em vez de tudo fazer para alcançar o estado supraconsciente, vai remover boa parte do componente competitivo, de sucesso *versus* fracasso, do processo.

ROTEIRO DE MEDITAÇÃO GERAL

Concentre toda a sua atenção na respiração. Concentre-se nos mecanismos da respiração, e não no pensamento da respiração. Observe o ir e vir. Quando o ar entrar nas narinas e sair delas, sinta a expansão e a contração dos pulmões.

Concentre-se na consciência da respiração. Afaste da mente todos os outros pensamentos e sentimentos. Observe esse processo vital natural. Não tente mudá-lo, apenas acompanhe-o. Permita-se receber as sensações mutantes que vêm com esse processo.

Enquanto inspira e expira, uma coisa de cada vez, deixe que tudo aconteça por si. Se for profunda, deixe-a ser. Se for lenta, permita-lhe sê-lo. Se for curta, deixe-a ser curta.

Se a sua mente estiver interferindo no processo, apenas se concentre na inalação e na exalação. Entre em sintonia com a sua respiração. Nada mais importa.

Observe a peculiaridade de cada respiração. Observe; não analise. Perceba as mudanças das sensações, entre em sintonia com a sua respiração.

Ignore todas as outras funções do corpo. Remova todos os pensamentos da mente. Você é a respiração, entre em sintonia com a sua respiração.

Você está agora flutuando com o universo. Assim como o vento leva uma pena, a sua respiração leva você.

Observe como os pensamentos dispersivos se desfazem. Veja como ficam ínfimos. Tudo o que importa é que você respira. Você é a sua respiração. Entre em sintonia com a sua respiração.

Desapegue-se do corpo. Sinta que não tem corpo. Você não tem peso, tal como a sua respiração.

Você está flutuando no universo. Você está em paz com o universo. Você está em sintonia com o universo.

Veja como você está relaxado, agora que está livre dos limites do corpo. Você está em total sintonia com o universo.

Não há parte alguma aonde ir. Ninguém o espera. Você não tem agendas nem prazos. Você está livre. Aproveite este momento, porque você está em sintonia com o universo.

Fique imóvel. Não tussa, não se movimente, não produza sons. Apenas fique imóvel e entre em fusão com o universo. Você é consciência.

Desapegue-se de todos os temores e dúvidas. Desapegue-se de todos os pensamentos. Não tente controlar o seu ser. Apenas seja livre e fique em sintonia com a sua consciência.

Você não tem corpo. Você não tem limitações. Você está em sintonia com a sua consciência. Você está em sintonia com o universo.

Deixe que cada momento aconteça por si. Observe e frua esses intervalos de tempo. Não resista a essa fusão com a sua consciência.

Você é agora pura consciência. Você é o universo.

TOQUE MÚSICA DA NOVA ERA POR 15 MINUTOS

Agora é hora de voltar ao seu corpo. Mais uma vez, concentre-se em sua respiração. Vá então observando as outras funções do corpo. Abra lentamente os olhos e faça o que julgar importante neste momento.

ROTEIRO DE MEDITAÇÃO PRÉ-MORTE

Você agora está prestes a iniciar uma jornada muito especial. Trata-se de uma experiência para a qual você já se preparou muitas vezes. Você já morreu conscientemente muitas vezes.

Desta vez, a sua preparação é orientada pelo seu Eu Superior e pelos seus Mestres e Guias, com total consciência sua. Você está em perfeita segurança.

Veja a luz branca ao seu redor, protegendo-o; assim, você não precisa se preocupar. Entre em sintonia com a luz branca. Você é a luz branca.

Você pode manter seu vínculo com o Eu Superior neste momento. Você é capaz de manter esse vínculo no momento em que simulamos a passagem da sua alma para o plano espiritual e a saída dela do corpo físico. Isso é morte consciente. Você está sempre seguro e protegido.

Você pode comunicar-se com o seu Eu Superior, e vai fazer isso. Talvez seja por telepatia. Você também pode ouvir sons do plano terreno. Você está protegido e em segurança.

Olhando para trás, veja o seu corpo físico. Não se preocupe com ele. Ele pode estar morto, mas você não está. Você é espírito. Você é alma. Você é imortal. Entre em sintonia com o seu Eu Superior. Entre em sintonia com sua energia perfeita. Você é o Eu Superior.

Observe o processo da morte. Lembre-se de que você está consciente. Você morreu conscientemente. Você está protegido pela luz branca. Você está em perfeita segurança. Seu Eu Superior está com você.

Deixe para trás todas as limitações do plano terreno. Abandone todos os medos, todas as dores, todas as preocupações e inseguranças. Mergulhe na luz branca protetora que vem do seu Eu Superior. Entre em sintonia com o seu Eu Superior.

Escute o seu Eu Superior. Dentro em breve, ele vai guiá-lo por uma fantástica jornada. Mostre-se receptivo às suas instruções. Nada tema. Você está protegido. Você está em perfeita segurança.

Não se apegue ao seu velho corpo físico. Também não se apegue ao seu Eu Superior. Sinta-se cheio de força. Sinta-se confiante. Você é uma alma evoluída e está com o seu Eu Superior.

Você está agora a caminho do plano anímico. Sinta-se sendo atraído para o plano anímico. Sinta a presença do seu Eu Superior aconselhando-o, protegendo-o.

Observe as mudanças que afetam as cores e os sons enquanto você se dirige ao plano anímico. Veja como você se adaptou bem a esta viagem. Veja que você evitou as forças desorientadoras dos planos inferiores. Veja como é fácil fazer. Esteja em sintonia com o seu Eu Superior.

Ao entrar no plano anímico, veja como ele é tranqüilo e organizado. Ele é cálido, mas eficiente em ajudá-lo a escolher o seu destino. Observe que o seu Eu Superior está sempre com você.

Veja como é feito o processo de seleção. Observe que o seu Eu Superior o assiste nessa escolha. Sinta a presença dos seus Mestres e Guias no momento em que lhe são mostradas escolhas no plano anímico.

Não se preocupe se tiver de voltar ao plano terreno. Não se preocupe se tiver de reencarnar. Você renascerá conscientemente, assim como morreu com plena consciência. Você terá uma vida melhor e mais espiritual.

Se tiver de voltar a um corpo físico, você terá um renascimento consciente que vai resultar numa vida espiritualmente evoluída. Ela será mais plena de realizações e de júbilo do que a vida que você acaba de ter. Seu Eu Superior vai assisti-lo nesse renascimento consciente. Entre em sintonia com o seu Eu Superior.

Se não tiver de reencarnar, se puder ascender aos planos superiores, rejubile-se, porque breve você estará com Deus. Você não vai mais precisar da assistência do seu Eu Superior. Você será o seu Eu Superior. Você e seu Eu Superior se fundiram. Você é o seu Eu Superior.

Você é o seu Eu Superior. Rejubile-se! Você está em sintonia com o universo. Você é pura consciência. Você é a luz branca. Você é o seu Eu Superior.

TOQUE MÚSICA DA NOVA ERA POR 15 MINUTOS

Agora é hora de voltar ao seu corpo. Mais uma vez, concentre-se em sua respiração. Vá então observando as outras funções do corpo. Abra lentamente os olhos e faça o que julgar importante neste momento.

ROTEIRO DE MEDITAÇÃO PÓS-MORTE

Olhe para o seu corpo lá embaixo. Ele morreu, mas você está vivo. Você praticou a morte consciente e agora vai aplicar tudo o que aprendeu. Sinta o vínculo com o seu Eu Superior. Ouça-o comunicar-se telepaticamente com você. Ouça-o enquanto ele assiste você durante esta transição. Entre em sintonia com o seu Eu Superior.

Seus pensamentos já não se dirigem ao plano terreno. Suas preocupações já não incluem o corpo físico. Sinta a liberdade que você alcançou. Mantenha sempre o contato com o seu Eu Superior.

Veja como é fácil. É como se você tivesse memorizado uma canção e agora a cantasse acompanhado por uma fita. É simples assim.

Sinta a presença da luz branca. Não tenha medo. Seu Eu Superior está com você, sempre. Seu Eu Superior é o seu verdadeiro eu. Entre em fusão com o seu Eu Superior. Entre em sintonia com o seu Eu Superior. Você é o seu Eu Superior.

Abandone todas as preocupações, temores e outros pesos de sua vida passada e da Terra. Antecipe essa nova aventura excitante. Sinta a presença do seu Eu Superior. Comunique-se com ele. Ouça as suas instruções. Entre em sintonia com o seu Eu Superior.

A morte clínica pela qual você acaba de passar é insignificante, é como a troca da pele de um réptil. A luz branca é sua próxima meta. Veja-a, sinta-a, mova-se na direção dela.

Deixe que o seu Eu Superior o assista. Mostre-se receptivo ao seu Eu Superior. Entre em fusão com o seu Eu Superior. Entre em sintonia com o seu Eu Superior.

Compreenda a verdade do universo. Seu Eu Superior conhece essa verdade. Mostre-se receptivo ao seu Eu Superior. Entre em fusão com o seu Eu Superior. Entre em sintonia com o seu Eu Superior.

Não se apegue à sua vida anterior. Esqueça-se por ora dela. Você terá muito tempo para avaliá-la ao chegar ao plano anímico.

Ouça os sons circundantes. Sua acuidade auditiva é bem grande agora. Concentre-se em entrar em sintonia com a sua experiência de liberdade. Você já não tem um corpo físico. Já não sente dor. Já não teme. Está livre.

Deixe que o Eu Superior o conduza à luz branca. Seja receptivo a essa experiência. Antecipe essa viagem especial. Entre em sintonia com o seu Eu Superior. Você é o seu Eu Superior.

Você está em vias de iniciar uma longa e maravilhosa jornada. Ela vai conduzi-lo ao plano anímico. Seguindo cuidadosamente estas instruções, você vai evitar o ciclo kármico.

A única energia de que você terá consciência é a do Eu Superior. O Eu Superior é perfeito. É pura consciência. Você está em sintonia com o seu Eu Superior. Você é pura consciência.

Enquanto segue rumo ao plano anímico, você pode encontrar outras entidades. Não se preocupe. Seu Eu Superior o acompanha. Escute o seu Eu Superior. Entre em sintonia com o seu Eu Superior.

Essas almas podem ser seus guias, ou então entes queridos que morreram antes de você. Observe que eles estão cercados de luz branca. Eles também são pura consciência.

Comunique-se telepaticamente com essas almas se as encontrar. Escute-lhes os pensamentos. Deixe que o Eu Superior o ajude. Entre em fusão com o seu Eu Superior. Entre em sintonia com o seu Eu Superior.

Observe que você já viajou muito. Não é necessário olhar para trás. Veja como as cores mudam à medida que você percorre essas dimensões. Escute os diferentes sons. Entre em fusão com o seu Eu Superior. Entre em sintonia com o seu Eu Superior.

Escute o seu Eu Superior enquanto ele o instrui. Escute o que ele tem a dizer sobre a sua viagem para o plano anímico. Veja como ele confia em você. Veja como você se sente bem agora.

Sinta a força da luz branca. Ela circunda você agora e o impele delicadamente para a frente. Você na realidade está viajando com bastante rapidez, embora pareça que está numa escada rolante.

Veja como você se adaptou bem a esta experiência. Observe como você gosta de comunicar-se com o seu Eu Superior. Veja como é bom sentir-se finalmente livre do corpo. Você está em sintonia com o universo.

Da mesma maneira como não tinha consciência da respiração quando dispunha de um corpo físico, da mesma maneira como não percebia a passagem de cada segundo no plano terreno, veja que o tempo não tem dimensão. Sinta como essa viagem é fácil.

Agora que você evitou o ciclo kármico, sinta a atração do plano anímico à sua frente. Sinta a presença do seu Eu Superior. Entre em fusão com o seu Eu Superior. Você é o seu Eu Superior.

Você agora está entrando no plano anímico. Observe sua complexidade. Note como você é bem recebido aqui. Veja como é divertido observar todas as suas vidas passadas e futuras. Sinta a presença constante do seu Eu Superior.

Agora, enquanto mergulha completamente na pura consciência do plano anímico, escute com muita atenção o seu Eu Superior. Ele o assiste em sua transição para os Planos Superiores.

Você já não precisa reencarnar nos planos inferiores. Você já não tem um ciclo kármico. Banhe-se neste sentimento de perfeição. Você é perfeito. Entre em completa sintonia com o seu Eu Superior. Você é o seu Eu Superior.

Prepare-se para ascender aos Planos Superiores. Você está indo ao encontro de Deus. Você se formou no ciclo do nascimento e da morte. Você está em sintonia com a sua energia perfeita.

Enquanto você ascende aos planos superiores, as coisas assumem outra aparência. Você é uma alma especial, uma alma perfeita. Não há dúvida. Não há medo. Há apenas verdade, perfeição e beleza.

Não se preocupe com as mudanças de cores, de sons e de vibração. Apenas observe o processo. Você é perfeito e está a caminho de unir-se a Deus. Entre em sintonia com o seu Deus.

Instruções para o uso do roteiro/da fita da morte consciente

Para se preparar para essa experiência, recomendo que você:

1. Pratique num momento em que não vá ser perturbado. Assegure-se de não estabelecer nenhum prazo ou limite de tempo.

2. Deite-se ou assuma a posição que julgar mais propícia ao relaxamento. Desaperte quaisquer peças de roupa que pareçam prendê-lo ou distraí-lo de alguma maneira. Tire os sapatos, se quiser, e não deixe de remover as jóias. Deixe o cômodo na penumbra, mas evite um ambiente totalmente escuro.

3. Como no estado de ECFC, você está sujeito a todo pensamento que lhe cruzar a mente, expulse dela quaisquer pensamentos ou concentre-se num único pensamento da melhor maneira possível.

4. Para facilitar a saída do corpo físico, imagine que está ficando mais leve e que, flutuando, você se eleva. Concentre-se na sensação de como vai ser bom fazer isso.

5. Mantenha-se concentrado sempre num único alvo, um de cada vez. Evite os pensamentos que o distraiam. Diga a si mesmo mentalmente que você pode ver o Eu Superior e comunicar-se com ele.

6. Para viajar quando estiver fora do corpo, você deve seguir na direção de uma pessoa e não de um lugar. Pense não só no nome como no caráter e na personalidade dessa pessoa. Não tente visualizar uma pessoa em termos físicos. Concentre-se em vez disso na pessoa interior.

7. O simples fato de você pensar no corpo físico inicia o processo de retorno. Primeiro mentalmente e depois fisicamente, mova um dedo da mão ou do pé, ou respire fundo, e sua alma retornará de imediato ao corpo físico. Essa técnica não apresenta nenhum perigo.

8. Abra os olhos e sente-se depois da volta. Você será capaz de fazer todas as outras coisas que planejou para o dia ou para a noite.

Roteiro da morte consciente: uma experiência consciente fora do corpo (ECFC)

Agora ouça com muita atenção. Quero que você imagine uma luz branca brilhante que desce até você e, entrando pelo topo de sua cabeça, ocupa todo o seu corpo. Veja-a, sinta-a, e ela passará a ser realidade. Agora imagine uma aura de pura luz branca emanando da região do seu coração. E, mais uma vez, cercando todo o seu corpo. Protegendo-o. Veja-a, sinta-a, e ela se tornará realidade. Agora somente os seus Mestres e Guias, o seu Eu Superior e entidades amorosas altamente evoluídas que querem o seu bem poderão influenciá-lo durante esta ou qualquer outra sessão hipnótica. Você está totalmente protegido por essa aura de pura luz branca.

Agora, enquanto você se concentra em como está à vontade e relaxado, livre de distrações, livre de obstáculos físicos e emocionais que o impeçam de deixar o corpo físico e a ele voltar em segurança, você vai perceber tudo o que encontrar durante esta experiência e irá recordar-se. Você vai lembrar-se, detalhadamente, quando estiver fisicamente desperto, apenas das coisas que sejam benéficas ao seu ser físico e mental e à sua experiência. Agora, comece a sentir as vibrações ao seu redor e, em sua mente, comece a moldá-las e a colocá-las em forma de um anel ao redor de sua cabeça. Faça isso agora por alguns minutos.

TOQUE MÚSICA DA NOVA ERA POR 2 MINUTOS

Agora, enquanto você começa a atrair essas vibrações para os seus sentidos interiores, elas começam a espalhar-se por todo o seu corpo, deixando-o rígido e imóvel. Você tem sempre completo controle desta experiência. Faça-o agora enquanto percebe a si mesmo rígido e imóvel, com essas vibrações movendo-se em todas as direções do seu corpo inteiro.

TOQUE MÚSICA DA NOVA ERA POR 2 MINUTOS

Você se saiu muito bem. Sinta essas vibrações. Perceba a si mesmo sentindo o pulsar dessas vibrações em todos os seus sentidos interiores. Com os olhos da mente, estenda o braço e pegue algum objeto que você saiba que está fora do seu alcance normal. Sinta o objeto e deixe que a sua mão astral o trespasse. Sua mente está usando sua mão astral, e não a física, para sentir o objeto. Enquanto faz isso, você vai ficando cada vez mais leve, e o seu corpo astral começa a levantar-se do seu corpo físico. Faça isso agora.

TOQUE MÚSICA DA NOVA ERA POR 2 MINUTOS

Você se saiu muito bem. Agora, usando outras partes do seu corpo astral (cabeça, pés, peito e costas), repita o exercício e continue a sentir-se cada vez mais leve enquanto o seu corpo astral começa a levantar-se do seu corpo físico. Faça isso agora.

TOQUE MÚSICA DA NOVA ERA POR 2 MINUTOS

Agora, pense que todo o seu corpo está ficando cada vez mais leve. Veja-se flutuando, para cima, enquanto todo o seu corpo astral se eleva e, flutuando, afasta-se do seu corpo físico. Concentre-se na escuridão e remova durante o processo todos os temores. Imagine um balão cheio de ar que se eleva e carrega consigo o seu corpo astral, para cima, para longe do seu corpo físico. Faça isso agora.

TOQUE MÚSICA DA NOVA ERA POR 2 MINUTOS

Veja como é fácil deixar o corpo enquanto mantém um completo contato com o seu Eu Superior. Este é o processo da morte consciente. É simples assim. Agora, peça ao seu Eu Superior quaisquer instruções que o assistam em sua evolução espiritual. Lembre-se de que o seu Eu Superior é onisciente e tem acesso aos seus registros akáshicos.

Agora, lenta e cuidadosamente, afirme o seu desejo de informações ou de uma experiência e deixe o seu Eu Superior trabalhar por você. Deixe-o ajudá-lo a elevar a energia de sua alma.

TOQUE MÚSICA DA NOVA ERA POR 3 MINUTOS

Você se saiu muito bem. Agora, desejo que você abra mais os canais de comunicação mediante a remoção de quaisquer obstáculos, permitindo-se receber informações e experiências que se apliquem diretamente à sua atual vida, ajudando-o a melhorá-la. Receba informações mais avançadas e mais específicas do seu Eu Superior e dos seus Mestres e Guias a fim de elevar a sua freqüência e aprimorar o seu subciclo kármico. Mantenha a comunicação e o vínculo com o seu Eu Superior. Você está em sintonia com o seu Eu Superior. Esse vínculo sempre vai existir, mesmo quando o corpo físico morrer. Deixe que o seu Eu Superior o instrua. Faça isso agora.

TOQUE MÚSICA DA NOVA ERA POR 3 MINUTOS

Tudo bem, agora durma e descanse. Você se saiu muito bem! Ouça com muita atenção. Vou agora contar de 1 a 5. Quando eu chegar a 5, você estará de volta ao presente. E será capaz de lembrar-se de tudo o que vivenciou e reviu. Você vai sentir-se bastante relaxado, revigorado, e poderá fazer tudo o que tiver planejado para o resto do dia ou da noite. Você vai sentir-se bastante positivo com relação ao que acabou de experimentar e bastante motivado pela sua confiança e capacidade de tocar esta fita outra vez para sentir os seus anjos. Tudo bem agora. 1, muito, muito profundo; 2, você está ficando um pouquinho mais leve; 3, você está ficando bem mais leve; 4, levíssimo; 5, desperte. Lúcido e revigorado.

*...a morte não é um fim,
mas um nascimento
para uma vida mais ampla,
mais plena e mais significativa...*

CAPÍTULO 11

O Momento da Morte

Já discuti extensamente as diferenças entre morte inconsciente e morte consciente. A esta altura, creio que você já percebeu as inúmeras vantagens oferecidas por esta última. Neste capítulo, trataremos especificamente do momento exato da transição em espírito conhecida como morte.

Os dados e teorias que aqui apresento vêm da minha experiência como hipnoterapeuta desde 1974. Nesse período, fiz regressões e progressões em mais de 11 mil pacientes em 33 mil diferentes vidas. Além disso, a obra de pesquisadores das experiências de proximidade da morte (ver o capítulo 2) sustenta as conclusões que extraí e os paradigmas que criei. Por fim, as filosofias dos teosofistas e dos Mestres Ascensos são compatíveis com os conceitos aqui mostrados.

Todos sabem que a morte, assim como os impostos, é inevitável. Os muitos casos de EQM ilustram como essa transição é tranqüila. Todas as dores e incômodos findam no momento da morte. A alma deixou o corpo. Para os propósitos dessa discussão, vou descrever a morte inconsciente.

Pense na morte por um momento. Perceber que a morte não é um fim, mas um nascimento para uma vida mais ampla, mais plena e mais dotada de sentido é sobremodo belo. A morte não passa da troca de um corpo velho por um novo. Ela significa o começo de um período de descanso e de reavaliação, uma forma de recriação e de renovação. É um estado de transição, e não um estado de término. Pode ser difícil explicar ou compreender a morte, mas não se deve temê-la. A eliminação do medo da morte é apenas uma das muitas vantagens da morte consciente.

Eu gostaria que, nesse momento, você deixasse de lado idéias acerca do céu, do inferno e mesmo do purgatório. Deixe de lado as convicções religiosas e ouça com mente receptiva o que tenho a dizer. Claro que você não tem de aceitar esta informação — peço apenas que você a considere sem idéias preconcebidas.

Quando morremos, não estamos realmente mortos no uso comum da palavra. Podemos não servir para nada no plano terreno, mas servimos bastante em outros planos. Existimos então no plano astral e, finalmente, penetraremos na luz branca e terminaremos no plano anímico (ver capítulos 3 e 12). Assim, o que julgamos ser morte é na realidade mudar-se para outro plano da existência.

Como afirmei no capítulo 1, as células do nosso corpo morrem e são substituídas constantemente. Um dos propósitos do estado de sono, ao menos do ponto de vista médico, é recriar os vários milhões de células que morrem a cada dia que vivemos. No sono, também substituímos as energias perdidas. Dizem os cientistas que a cada período de mais ou menos nove meses todas as nossas células são substituídas ao menos uma vez.

Logo, tecnicamente, morremos a cada nove meses. O nosso corpo fica completamente diferente do que era há um ano e, dentro de um ano, também o será. É claro que não nos sentimos mortos e que somos capazes de continuar a viver muito bem. O processo de substituição celular ocorre de forma tão sutil e harmoniosa que nem percebemos alguma coisa diferente acontecendo. É a nossa percepção física que se engana ao pensar que o corpo permanece o mesmo ano após ano.

No capítulo 3, discuti o ciclo do nascimento e da morte, tendo descrito em breves linhas a jornada da alma, pela luz branca, rumo ao plano anímico. Para os fins desta discussão, vamos concentrar-nos nos eventos que sucedem ao momento da morte.

A física quântica nos diz que a nossa mente cria a nossa realidade, princípio particularmente evidente no momento da morte. O que você pensar que deve sentir é exatamente o que você vai perceber. Pode ser tanto o fogo do inferno ou anjos tocando harpas. A presença de figuras religiosas como Jesus, Buda ou Moisés pode vir a compor o seu cenário.

Qualquer filme mental que você criar vai durar apenas o tempo necessário para que você se adapte ao plano astral, onde também possui um corpo, embora dotado de menor materialidade. Seu Eu Superior, e seus Mestres e Guias, unem-se a você e, a partir desse momento, a realidade kármica assume o controle. Essas entidades perfeitas vão informá-lo pacientemente sobre sua transição do plano físico, muito embora você ainda possa negar esse fato. O seu mundo não parece muito diferente.

Duas discrepâncias serão percebidas por sua alma nesse momento. De um lado, você agora está totalmente livre de quaisquer incômodos de que antes padecia. E, do outro, você poderá ver seu corpo físico sem vida. Essa última observação é por vezes muito chocante para o seu corpo astral. Devo também assinalar que nesse momento todos os seus sentidos ficam especialmente aguçados — principalmente a audição.

Sua comunicação será agora totalmente por telepatia. Todas as entidades presentes podem ler todos os seus pensamentos, de modo que dizer a verdade é a regra nesse momento. Não há hipocrisia no plano astral. Seus sonhos noturnos, que são exemplos de experiências fora do corpo, são semelhantes ao que a sua alma encontra agora.

A alma sempre tem livre-arbítrio, mesmo no plano astral. Você não tem de entrar na luz branca nem mesmo ouvir seu Eu Superior, e seus Mestres e Guias. Se preferir ignorar tudo o que está acontecendo ao redor e entrar em pânico, você será um espírito perturbado (espectro) e permanecerá nesse estado indefinidamente.

São compreensíveis as razões que podem levá-lo a temer a luz branca, especialmente porque estamos discutindo a morte inconsciente. O que é real? Seus preconceitos e seu treinamento religioso precedentes podem entrar em ação agora. A luz branca pode ser um truque. Ela pode levá-lo ao inferno, não é?

Sabemos que a luz branca é sua única salvação. Sua alma vai exercer seu livre-arbítrio e fazer um julgamento com base em inúmeros fatores. O ciclo kármico em geral, o ambiente do plano astral, o estado de espírito da alma e outros fatores influenciam esse processo de decisão. O tempo necessário para concluí-lo pode ir de alguns minutos a alguns milhares de anos terrestres.

Você vai perceber que uso o termo "anos terrestres". O plano astral não tem o mesmo conceito de tempo da experiência do plano físico. O contínuo espaço-tempo torna-se ainda mais pronunciado quando deixamos o plano terreno. Todo o tempo é simultâneo, e todos os eventos passados, presentes e futuros podem ser vistos no plano astral acontecendo, na realidade, todos ao mesmo tempo.

É interessante o fato de raramente haver alguma espécie de correlação entre a religião do paciente e sua experiência da morte. Em outras palavras, parece não importar o fato de ele ser agnóstico, ateu, cristão, judeu, hindu ou ter qualquer outra crença. As experiências que me foram relatadas são semelhantes.

Componentes da morte

Passagem

Já mencionei a ausência de incômodo no momento da morte. A alma agora tem uma sensação de flutuar, acompanhada por sentimentos de calma e de paz interior. De modo geral, deixa de haver qualquer medo. A alma sente-se completamente apartada do seu antigo corpo físico.

Os pacientes logo percebem que têm um corpo, mas que este é um tipo muito diferente de corpo, sujeito a leis físicas igualmente muito diferentes. O corpo astral pode fazer muitas coisas que não são dadas ao corpo físico. Por exemplo, atravessar paredes e portas e viajar milhares de quilômetros em segundos. Nesse nível, o tempo não é registrado; o corpo astral possui completo conhecimento da vida anterior e pode mesmo ler a mente de outras pessoas que estiveram envolvidas nessa vida.

O cordão de prata

A presença de um cordão de prata durante EQMs é por vezes relatada. A diferença no momento da morte é que esse cordão prateado pulsante pára de pulsar e se acha então quebrado. Durante uma EQM, o cordão de prata fica preso à parte posterior da cabeça do corpo astral e à região do plexo solar do corpo físico na Terra. Enquanto esse cordão prateado estiver intacto, o corpo físico do paciente ainda está vivo. Quando da morte, o cordão se parte.

Os sons da morte

Há vários tipos de sons que as pessoas ouvem no plano astral, depois da morte. Rugidos, estalidos, apitos, sons musicais e altos sons de campainhas predominam. Esses sons se fazem acompanhar de luzes coloridas, combinação que é, ao que parece, parte do mecanismo da mudança do plano terreno para o astral. Devemos recordar que a taxa de freqüência vibratória da alma também passa, nesse momento, por uma alteração. Esses efeitos especiais ocorrem numa rápida sucessão.

O túnel

A alma sente um efeito semelhante ao vácuo enquanto passa por um profundo e escuro túnel. Esse túnel funciona como uma espécie de ponte do plano terreno para o astral. Ele é comparável a um buraco negro, visto que representa uma desorientação do contínuo do espaço-tempo e resulta na passagem de uma a outra dimensão.

Quando faço regressão ou progressão com pacientes, costumo sugerir-lhes que se imaginem entrando num túnel em cujo fim existe uma luz branca brilhante. Sugiro que também existe, no final do túnel, uma encruzilhada. Seguir o caminho da direita, o paciente vai dar com uma vida passada. Uma vida futura será o destino se o caminho da esquerda for tomado. Essa é uma técnica muito bem-sucedida, e um dos métodos mais usados para guiar um paciente a uma vida passada ou futura. Seja nos estados hipnóticos ou na morte, o túnel parece claramente representar a passagem para o próximo nível.

A presença de outras entidades

Já me referi ao fato de que os Mestres, Guias e o Eu Superior vão ao encontro da alma da pessoa, bem como, por vezes, amigos e parentes falecidos. Isso só acontece depois de a alma ter-se ajustado ao plano astral. O amor domina nesse momento, enquanto a alma vai sendo tomada por sentimentos de calor, de segurança e de paz interior. Se a alma reagir a isso do modo apropriado, todos os medos da morte se dissiparão.

A luz branca

A luz branca aparece pela primeira vez, como eu já disse, no final do túnel. Trata-se de uma aura ofuscante, porém pacífica, de pura luz branca. Às vezes, a alma relata a visão de auras amarelas ou douradas, mas a luz é mais comumente descrita como branca.

É absolutamente imperativo que a alma entre nessa luz branca. Não há outra maneira de ela fazer a jornada para o plano anímico. Afirmei no capítulo 2 que essa luz branca é na verdade o Eu Superior e que, finalmente, a maioria das almas entra nela e continua a viajar para o plano anímico.

Variações individuais

Nem sempre as experiências da morte seguem a ordem que descrevi. Do mesmo modo, pode haver intervalos de tempo entre cada etapa. Algumas pessoas aceitam o estado de morte com rapidez e facilidade. Outras precisam de mais tempo e de orientação mesmo para aceitar a idéia da morte, para não falar de entrar na luz branca.

Lembre-se de que as suas expectativas sobre o que será o estado de morte afetam a experiência real que você vai ter. Se você espera se ver cercado de anjos com auréolas e roupas brancas tocando harpas, seus mestres e guias farão o melhor para criar essa cena para você porque sabem que isso vai deixá-lo à vontade. Só quando você se sentir bem em sua presença, essas entidades superiores vão lhe dizer onde você está, quem elas são e o que se espera que você faça.

O objetivo principal deste capítulo é demonstrar que a morte não é uma experiência a temer. Talvez não seja algo que devamos procurar, mas também não devemos temê-la.

Algumas pessoas podem julgar insuficientes como evidência os relatos da morte obtidos em regressões a vidas passadas. Muitos são os relatos de pacientes considerados clinicamente mortos (EQM) (ver o capítulo 2) que acabaram sobrevivendo. Quando inquiridos sobre as suas experiências, esses pacientes relataram observações espantosamente semelhantes às aqui apresentadas. E essas pessoas que chegaram perto da morte de maneira geral nunca tinham ouvido falar da regressão a vidas passadas.

Se pessoas de diferentes formações religiosas que fazem regressões e pessoas que morreram clinicamente e voltaram à vida relatam experiências semelhantes, as correspondências entre essas descrições não são mera coincidência. Contudo, em última análise, você tem de formar suas próprias opiniões. A morte é uma experiência pela qual você vai passar muitas vezes. Cabe a você interpretar esse conceito de modo a enquadrá-lo em suas crenças específicas. Também é sua a responsabilidade de dar a essa transição o caráter de um morrer consciente, em vez de uma morte inconsciente.

Minha intenção é remover a maior parte das concepções errôneas acerca da morte, de modo que, quando chegar a hora da sua, você tenha a experiência mais tranqüila e serena possível. Isso é ainda mais importante quando você pratica a arte da morte consciente.

No momento da morte, a maioria das almas demonstra pouco interesse pelo seu antigo corpo. Elas parecem querer seguir para o mundo espiritual, e o Eu Superior está sempre presente para aconselhá-las. As almas que ficam pairando ao redor do corpo são mais comumente almas de crianças. Outra razão para a pouca propensão a partir, especialmente no caso de adultos, é o anseio de confortar os entes queridos deixados no plano físico.

Uma visão oriental do momento da morte e dos estados de bardo será apresentada no capítulo 19, onde empreendo uma rigorosa discussão do *Livro Tibetano dos Mortos*.[1] Para os nossos propósitos, digamos que o processo da morte se assemelha mais à neve derretida. As fronteiras entre os mundos físico e não-físico tornam-se menos definidas. É mais como uma passagem da alma de um nível de consciência a outro. No mundo não-físico, não existe o tempo tal como o conhecemos. Todo tempo é simultâneo. A nova física dá a isso o nome de espaço-tempo (os Apêndices A e B de *The Search for Grace*[2] discutem isso com mais detalhes. Há também uma discussão do conceito de tempo em *Soul Healing*[3]).

Uma expansão para além daquilo que estamos acostumados a chamar de plano físico também é observada durante o processo do morrer. A alma está sendo transferida de um corpo bastante físico para um corpo menos material, e muitas vezes não percebe que ocorreu uma mudança. Assim, a morte pode ser descrita como uma sensação de expansão para além de si mesmo, de

---

1. Evans-Wentz, 1960.
2. Dr. Bruce Goldberg, *The Search for Grace*, St. Paul, Mineápolis, Llewellyn Publications, 1997. Antes publicado pela In Print Publishing, Sedona, Arizona.
3. Goldberg, 1996.

dissolução da forma e de fusão no indiferenciado. Uma vez iniciado, a não ser que o Eu Superior ou os Mestres e Guias instruam a alma a retornar ao corpo físico, esse processo é irreversível.

A luz branca é o mais significativo objeto de percepção que a alma tem nesse momento. A alma pode estar liberta da dor e do mal-estar, mas o brilho dessa luz se sobrepõe a toda percepção. A duração que o processo leva depende da evolução espiritual da alma e de sua propensão a aceitar essa transição. Naturalmente, tudo isso é facilitado pela morte consciente.

A morte consciente e o momento da morte

Quando a pessoa está bem treinada na morte consciente, as descrições que apresentei agora serão um tanto imprecisas, já que a transição será muito mais tranqüila e espiritual. Esse momento deve mostrar-se pleno de paz e quietude, acompanhado da compaixão e do amor vindos de todos os presentes. Como discuti no capítulo 4, ele deve ocorrer idealmente em casa.

A morte consciente vai também resultar na consciência pela alma de várias capacidades extra-sensoriais, como a telepatia, a clarividência, a telecinesia, etc. O termo transcendência é usado como referência a esse estágio inicial de libertação da alma. Também serão evidentes nesse momento a consciência do mundo não-físico e a aceitação da impossibilidade de voltar ao mundo físico.

Esse novo mundo não-físico se caracteriza pela pura consciência e pela total liberdade. Trata-se de um bardo deveras distinto daquele que se sente como resultado da morte inconsciente. A pessoa que faz essa passagem de maneira consciente não se vê presa a nenhum mundo. Essa alma é libertada.

Um interessante fato médico acerca do momento da morte é o de que o homem é um dos poucos animais que abrem os olhos no momento da morte. E não apenas os abre como chega a arregalá-los. Será isso causado pela luz branca brilhante?

Uma vez feita a transição, sentimentos de profunda paz dominam a alma. Todos os sentidos que usamos no plano físico funcionam no não-físico. O sentido da audição fica particularmente aguçado, e a alma pode ouvir conversas e outros sons do plano físico que acabou de deixar.

Lembre-se de que a alma que morreu conscientemente tem probabilidade de ter encerrado o seu ciclo do nascimento e da morte. Ela se acha num estado de bem-aventurança. Dentre outros nomes dados a este nível de pura consciência estão:

Nirvana (budismo)
Anuttara-Samyak-Sambodhi (budismo)

Nirvikalpa Samadhi (ioga)
Kaivalya (ioga)
Moksha (hinduísmo)
O *Tao* Absoluto (Lao Tzu)
Satori (zen)
Kensho-godo (zen)
Fana (sufi)
Reino do Céu; Perfeição (Jesus)
Clara Luz (Tibetana)

Um componente muito importante dessa bem-aventurança é uma sensação de unidade com o Eu Superior e com o universo. Vemo-nos libertos das ilusões criadas pela mente. Já não somos contaminados pelas forças e atitudes negativas que tanto dominam o plano físico. Alcançamos a libertação.

À medida que ocorre o morrer, a alma vai se libertando de todos os seus desejos, sentimentos, temores e tendências negativas acumuladas. Não é preciso essa carga no mundo não-físico ocupado pelo Eu Superior, pelos Mestres e Guias e pelos entes queridos que só desejam o seu bem.

O momento da morte: sumário

- Há um brilho que emana de uma luz branca.
- Não há dor.
- Percebem-se imediatamente a paz e o amor.
- A alma emerge e é transformada para estar com o seu Eu Superior e perfeito.
- O cordão de prata é cortado.
- Manifestam-se a telepatia e outros fenômenos extra-sensoriais.
- Ouvem-se sons incomuns.
- Tem início a experiência do túnel.
- Sente-se a presença de outras entidades amorosas.
- Há uma total consciência do mundo físico deixado para trás e do mundo não-físico no qual a alma acabou de entrar.

Se, lendo este capítulo, você tiver eliminado mesmo um único aspecto do seu temor da morte, meus esforços terão sido recompensados.

> ...podemos projetar ao nosso gosto
> nossas vidas futuras,
> bem como o futuro
> da nossa vida presente

CAPÍTULO 12

A Escolha de sua Próxima Vida

Para resumir a transição real que a alma faz na morte inconsciente: a partir do momento da morte, a entidade é posta numa posição sobremodo precária. Trata-se de um período de transição ou de ajuste. Temos em primeiro lugar de ser levados a reconhecer o fato de que morremos. Isso é conseguido graças à útil orientação dada por entidades de alta evolução, como seu Eu Superior e seus mestres e guias. Esses mestres e guias levaram a termo seus ciclos kármicos há muitos séculos. Seu principal propósito agora é ajudar-nos a nos adaptar ao fato da nossa morte e levar-nos até a luz branca que irá transportar-nos para o plano anímico, onde vamos avaliar a nossa vida recém-acabada e escolher a próxima.

Nesse momento, você também poderá ver amigos ou parentes falecidos, bem como comunicar-se por telepatia com eles. Essas entidades também vão tentar persuadir-nos a entrar na luz branca. Caso contrário, você vai permanecer no plano astral como espírito perturbado. Algumas entidades recém-partidas encontrarão conforto no último ambiente em que habitaram no plano terreno. Assim, elas freqüentam, em espírito, sua casa ou apartamento. Alguns membros de sua família podem perceber sua presença e interpretar isso como uma assombração. Na realidade, muitos casos de locais assombrados podem ser explicados dessa maneira. Naturalmente, no curso dessa transição, seu Eu Superior sempre se faz presente, tentando desencorajar esse comportamento. Você, como alma, ainda tem livre-arbítrio para ignorar esse conselho.

O plano anímico

Você vai acabar por entrar na luz branca, e seu destino será o plano anímico. Ao chegar nesse plano, receberá as boas-vindas de guias especiais que têm o encargo específico de orientá-lo.

Seus guias vão despender todo o tempo necessário para explicar a natureza da realidade e discutir seu atual propósito nesse plano. Ser-lhe-ão mostrados detalhados eventos de sua última vida, sendo-lhe explicado o lugar destes em seus padrões kármicos. Do mesmo modo, você verá cenas de vidas passadas e futuras e ser-lhe-á solicitado que estude detidamente esses eventos. Em todas essas decisões tão importantes, você vai receber uma fenomenal quantidade de ajuda e de conselhos dos seus mestres e guias e do seu Eu Superior. Contudo, é sempre sua a responsabilidade de fazer as escolhas relativas à próxima vida. A alma sempre tem livre-arbítrio. Isso é parte da força que lhe é concedida.

É preciso lembrar nesse momento que, se você praticar adequadamente técnicas de morte consciente, a necessidade de reencarnar nos planos inferiores deixa de existir. Porém, assim como Buda decidiu não ascender e permanecer como mestre, você também pode preferir ficar aí por algum tempo para assistir outras almas menos evoluídas. Mesmo quando não é esse o seu objetivo, pode ser que o nível de energia de sua alma seja baixo demais para você ascender depois de apenas uma experiência de morte consciente. Você terá então de viver outra vez e morrer conscientemente mais uma vez a fim de sair do ciclo do nascimento e da morte.

A astrologia tem um importante papel na decisão do período de tempo destinado à sua próxima vida. A hora, o lugar e a data do nascimento serão vitais. Se você tiver lições artísticas a aprender e sensibilidade a vivenciar, o indicado será voltar como Peixes. Aprender lições como executivo ou líder poderá ditar a volta como Escorpião, Capricórnio ou Leão. Claro que as outras influências planetárias, como a Lua, o Ascendente, Marte, Mercúrio, Vênus, etc. também têm de ser cuidadosamente selecionadas.

Além da astrologia, devem-se também considerar "subciclos" antes de se poder tomar quaisquer decisões referentes ao ciclo kármico geral. No interior dos nossos ciclos kármicos, esses subciclos menores — como o são certas tarefas emocionais, intelectuais, criativas e físicas — encerram, quando completados, uma dada fase no ciclo kármico total. Alguns parapsicólogos afirmam que cada 12 vidas formam um subciclo. Essas 12 vidas correspondem aos signos do zodíaco na astrologia. Teoricamente, escolhemos um signo astrológico diferente em cada uma dessas 12 vidas para completar o ciclo.

Há algo chamado "mapa kármico" que pode ser calculado a partir da data, da hora e do lugar de nascimento. Ele é bem diferente de um mapa astrológico ou natal comum, porque especifica qual o seu subciclo e pode dar a você muitas informações sobre seu ciclo kármico geral. Outro nome que ele recebe é mapa védico.

No plano anímico, você também escolherá seus pais, irmãos, irmãs e outros membros da família, bem como planejará todos os principais eventos de sua vida. Esses eventos têm de levar em consideração o ciclo kármico dessas outras pessoas.

As descrições reais que obtive dos meus pacientes acerca do plano anímico vão de instalações cobertas por domos nas quais várias outras entidades reviam as vidas da alma a outros planetas, passando pelo topo de montanhas tibetanas. Ao que parece, o que a sua alma criar como esse ambiente ela vai receber.

Você tem não apenas de conhecer plenamente seu ciclo kármico como ao menos conhecer algo dos ciclos kármicos das muitas pessoas significativas com as quais você vai entrar em contato em sua nova vida. Quer você seja rico ou pobre, filho único ou membro de uma grande família, branco ou negro, fraco ou forte, tudo isso depende de um processo de seleção bastante complicado que a história de suas vidas passadas vai decidir. Seus registros akáshicos contêm todas essas informações, constituindo sua constante referência no plano anímico.

Registros akáshicos

Esses registros akáshicos, como já assinalei, são mantidos no plano causal, conforme vários relatos, mas o acesso a eles nos é dado no plano anímico. Eles representam um arquivo da evolução e do desenvolvimento da alma ao longo de suas várias vidas. Eles contêm o que a alma aprendeu e não aprendeu. Logo, mostram o progresso da alma pelo seu ciclo kármico. Por meio do uso desses registros, temos informações detalhadas do que fizemos e do que temos a fazer. Trata-se de uma grande ajuda.

Por exemplo, devido a débitos kármicos passados, você poderá precisar, na sua próxima vida, acentuar o intelecto. O lado emocional de sua vida vai ser posto em segundo plano para que o intelecto possa desenvolver-se até o máximo do seu potencial. Também pode se apresentar uma situação oposta. Sua condição física também é importante. Um defeito, embora pareça uma desvantagem óbvia em sua nova vida, dá-lhe a oportunidade de aprender certas lições que seriam difíceis sem ele.

Mestres e guias

Ao tomar essas decisões, somos ajudados por nossos mestres e guias. Essas entidades altamente evoluídas completaram seus ciclos kármicos e têm como único propósito nos ajudar e nos aconselhar com relação às nossas próximas vidas. Podemos tê-las conhecido em vidas passadas. Elas não fazem sermões nem nos julgam; apenas nos aconselham e tentam ajudar-nos da melhor maneira que podem. A alma sempre tem o livre-arbítrio para ignorar o seu conselho, sendo essa a razão de muitas das nossas decisões não serem boas. Esses mestres e guias também recebem conselhos de entidades ainda mais elevadas, com maiores taxas vibracionais, dos sete planos superiores. Essas entidades muito mais avançadas recebem conselhos de fontes ainda mais evoluídas, sendo a autoridade última Deus. O resultado final é, naturalmente, uma excelente orientação. Quando escutamos o que dizem esses guias, tomamos melhores decisões e percorremos nossos ciclos kármicos com maior rapidez e com muito menos trauma.

Agora, vou descrever com mais detalhes o processo da passagem da experiência da morte para o plano anímico. O livro mais abrangente até hoje publicado acerca dos detalhes desse estado entre vidas é *Journey of Souls*,[1] de Michael Newton. Nele, Michael descreve um mecanismo deveras complexo desse processo.

A alma é recebida no plano anímico por "entidades acolhedoras" que podem não fazer parte da equipe de aprendizagem dessa alma nessa nova dimensão. As almas mais espiritualmente evoluídas não precisam dessa iniciação no plano anímico. A viagem para o plano anímico costuma ser descrita como a atração da alma por uma onda de energia como se o fosse por um ímã. A alma pode ela mesma gerar parte dessa eletricidade.

Vem em seguida uma "ducha de cura", uma forma de banho de energia que tira da alma as dificuldades de sua vida recém-findada. Somente as almas mais jovens são submetidas pelo seu guia antes de serem transferidas para uma porta central dividida em agregados.

Um agregado compõe-se de aproximadamente cinco a vinte almas que lhe são atribuídas inicialmente e que retornam a esse mesmo grupo depois de cada encarnação. As almas não ficam vagando, mas mantêm-se aglomeradas. É durante esse período que elas são distribuídas segundo seu nível de evolução espiritual e formam vínculos enquanto conversam sobre sua vida recente. Conta-se sempre com a presença de guias, que oferecem sugestões e conselhos.

Em cada agregado, as almas descobrem que suas colegas têm mais ou menos o mesmo nível de desenvolvimento. Esse "Ciclo Interior" é muito próximo em termos da comunicação entre as almas-membro. Há, no entanto,

---

1. Michael Newton, *Journey of Souls*, St. Paul, Mineápolis, Llewellyn Publications, 1994, excerto usado com permissão.

pouco contato com outros agregados, e quase nenhuma interação com almas menos avançadas.

Newton relaciona seis níveis de almas, cada qual com uma aura de cor diferente. As almas do Nível I são chamadas de iniciantes e exibem um matiz branco. As do Nível II são chamadas de intermediárias inferiores e exibem uma aura branca com matizes avermelhados. É no Nível III (intermediário) que o matiz passa a ser de um amarelo sólido. O Nível IV é o intermediário superior, tendo uma aura amarelo-escura com vestígios de azul. As almas desse nível têm o *status* de guias júnior. Pertencem ao Nível V as almas avançadas, que exibem um azul-claro com vestígios de roxo em sua aura. Esse é o nível do guia sênior. Por fim, no Nível VI (uma alma altamente avançada) temos uma aura azul-escura em transição para o roxo; aqui estão os guias mestres.

A pesquisa do doutor Newton revela as seguintes porcentagens de cada nível que ele vê: Nível I: 42%; Nível II: 31%; Nível III: 17%; Nível IV: 9%; Nível V: 1%. Ele nunca vê almas do Nível VI, nem eu esperaria que uma alma tão avançada precisasse dos seus serviços. Logo, cerca de três quartos das almas que habitam corpos humanos hoje na terra são imaturas.

Os princípios básicos (que estão nas páginas 112-113 do seu livro) e a distribuição de grupos de almas que ele relata são:

- Independentemente do tempo relativo de criação depois que se completa seu *status* de noviças, todas as almas iniciantes são enviadas para um novo grupo que tem seu próprio nível de compreensão.

- Uma vez formado um novo grupo de apoio, não se acrescentam novos membros.

- Parece existir um procedimento sistemático de agrupamento homogêneo de almas, selecionadas por consciência cognitiva, que exibem características semelhantes de identidade do ego.

- Independentemente do tamanho, os grupos de agregados não se misturam diretamente com a energia uns dos outros; porém as almas podem comunicar-se entre si cruzando fronteiras de grupo primárias e secundárias.

- Os grupos primários podem dividir-se em subgrupos menores para estudo, mas não se separam do todo integrado no interior de um mesmo agregado de almas.

- Os níveis de aprendizagem variam entre os membros dos grupos. Num grupo agregado, algumas almas avançam mais rápido que outras. Quando essas almas alcançam um nível intermediário de desenvolvimento, sua energia física deixa o agregado. Elas são então organizadas sem muito rigor num grupo de trabalho de "estudos independentes", com seus antigos guias monitorando-as, normalmente sob a orientação de um guia-mestre. Assim, um novo conjunto de entidades que se graduam para o Nível III pode ser organizado a partir de vários agregados no interior de um ou de mais grupos secundários.

- Embora o tamanho do grupo diminua à medida que as almas avançam, o contato íntimo entre membros do grupo nunca se perde.
- Os guias espirituais empregam uma ampla variedade de métodos de ensino e de personificações instrucionais a depender da composição do grupo.

Ao que parece, não há nesses agregados o desrespeito, as suspeitas, o ódio e os ciúmes que vemos na Terra. Não há lutas pelo poder, segredos nem tentativas de manipulação. A alma recebe mais responsabilidades na medida do seu avanço em termos de níveis. Por exemplo, nos Níveis III e IV, são atribuídas às almas mais jovens como alunas.

Depois de muito aconselhamento com os guias no planejamento de uma nova vida, a alma entra no "Anel do Destino", onde revisa várias opções para a sua futura encarnação. Só depois de feita essa opção se escolhe um novo corpo. Por fim, a alma freqüenta uma "classe de reconhecimento" que a ajuda a reconhecer e a usar adequadamente oportunidades na nova vida. A viagem para um novo corpo é consideravelmente mais rápida do que a saída.

Todas as descrições de Newton supõem uma morte e um renascimento inconscientes. Como o propósito deste livro é a morte e o renascimento (se necessário) conscientes, vejamos as diferenças entre os dois processos de renascimento.

O renascimento consciente

O processo do renascimento consciente é igual ao da morte consciente, embora siga uma direção oposta. Veja por favor a figura 1 e observe que a alma sai do plano anímico, evitando o ciclo kármico, e entra no corpo físico. O Eu Superior age em todo o processo como guia. O vínculo da alma com o Eu Superior, ou a consciência que esta tem dele, mantém-se intacto nesse período.

Não se teme o que o futuro corpo vai suportar quando do renascimento consciente. Não se entendem erroneamente as leis do universo. Não há repressão de vidas ou experiências precedentes no plano anímico.

A alma tem plena consciência de que escolheu o recém-nascido e o ambiente de sua nova vida para fins de evolução espiritual. O subconsciente sabe que escolheu seus pais e amigos, sua ocupação, suas limitações físicas, seu futuro parceiro e seus filhos bem antes de começar essa sua estada.

Assim, a morte consciente leva ao renascimento consciente. A morte inconsciente só pode levar ao renascimento inconsciente. Quando a alma passa por um renascimento consciente, os elementos a seguir caracterizam suas experiências iniciais no recém-nascido:

- Consciência e conhecimento do seu propósito kármico específico.
- Estabelecimento de contato com o Eu Superior.
- Consciência de Deus.
- Consciência da nossa imortalidade inerente.
- Eliminação do medo do renascimento.
- Contato com Mestres, Guias e entes queridos falecidos.
- Capacidade de controlar o próprio destino. Podemos projetar ao nosso gosto as nossas futuras vidas, bem como o futuro da nossa vida presente. Ao menos podemos ser "senhores do nosso destino e mestres da nossa alma".
- A eliminação da obrigação de nascer novamente por necessidade kármica.

Você pode observar que esses elementos também se apresentam na morte consciente.

A escolha de um novo corpo

Trata-se de um processo muito complicado no qual considerações kármicas de grupo devem ser feitas. Isto é, você tem de considerar o ciclo kármico de dezenas de outras entidades antes de finalizar seus planos. Essas outras entidades têm de concordar com os seus planos porque elas também têm livre-arbítrio. Esse poder de veto pode levar a atrasos inauditos na estruturação final da sua e da próxima vida deles.

Pode haver mesmo competição por certos corpos. Suponhamos que você tenha completado o esboço da estrutura básica de sua próxima vida. É hora de você escolher um recém-nascido onde entrar. Mas digamos que outra entidade deseja esse mesmo recém-nascido para seu ciclo kármico e obtém o direito de habitá-lo. Você ainda tem um ciclo kármico a trabalhar com os pais e outros membros da família desse recém-nascido. Você terá agora de encontrar outro recém-nascido adequado e conceber uma maneira de vincular-se karmicamente com os pais e outros membros da família do recém-nascido no qual você foi impedido de entrar. Não sabemos exatamente como se estabelece a ordem na lista de espera de corpos. É provável que se baseie num sistema de prioridades, sendo privilegiadas as almas que tenham as lições kármicas mais importantes a aprender.

Tendo escolhido cuidadosamente seu próximo corpo e organizado a estrutura básica de sua próxima vida, você está pronto para entrar no recém-nascido. Durante a gravidez, cada alma pode visitar seu futuro corpo. Na verdade, muitas almas acabam por entrar no feto em desenvolvimento, sendo por isso que muitas pessoas têm lembranças pré-natais a que se pode ter acesso por meio da hipnose.

Uma das razões pelas quais a alma pode entrar e sair como quiser nesse período é o fato de o sistema nervoso do feto ainda não estar plenamente desenvolvido. Há aberturas no crânio chamadas "fontes" que permitem que a alma ou o subconsciente entrem no corpo e saiam dele. Essas aberturas só vão se fechar quando a criança tiver 2 anos e meio. Isso ajuda a explicar a natureza mediúnica das crianças. O trabalho do professor Ian Stevenson da University of Virginia mostra que as crianças são mais propensas a ter regressões espontâneas a vidas passadas entre os 2 anos e meio e os 5 anos.

A alma ou subconsciente entra de vez no corpo do recém-nascido 24 horas antes ou depois do nascimento da criança. Durante a infância, a alma deixará o corpo muitas vezes. Isso ocorre quando se está desperto ou à noite, enquanto a entidade dorme. E por toda a nossa vida a alma deixa o corpo durante o sono, porque é nesse estado que os mestres e guias, e o Eu Superior, podem continuar a ensinar-nos e a aconselhar-nos com respeito ao nosso progresso terreno. Assinalei antes que todos os sonhos são exemplos de experiências fora do corpo. Nunca ficamos de fato privados do benefício dos nossos Guias, e o processo de aprendizagem que se iniciou entre as nossas vidas nunca chega efetivamente ao fim.

Outras decisões no plano anímico

No plano anímico, são dados muitos conselhos à entidade. Não obstante, apesar de todo esse aconselhamento e de todo o tempo dedicado a tomar essas decisões, algumas pessoas preferem reencarnar antes de receber esses conselhos. Isso é ruim, porque o necessário planejamento não ocorreu. Em vez de poupar tempo, perde-se uma boa parte dele, cometendo-se muitos erros.

Os relacionamentos representam importantes decisões no plano anímico. A comunicação telepática entre você e as outras entidades envolvidas estabelece os detalhes das pessoas com quem você vai relacionar-se e da maneira como o fará na sua próxima vida. Seu filho poderá ser o seu pai na próxima vida. Sua mulher ou marido poderá ser seu irmão, patrão ou pai.

Os parceiros da alma, ou pessoas com as quais você teve relações amorosas muito significativas ao longo de muitas vidas, são considerados com muito cuidado. Esses parceiros representam o ponto culminante de muitas vidas de união e de partilha da mais valiosa emoção. No entanto, você não estará com os seus parceiros da alma em todas as vidas. Para uma discussão mais detalhada dos diferentes tipos de parceiros da alma, remeto-o ao meu livro *Soul Healing*.[2]

Lembre-se de que durante o renascimento consciente, a alma recorda-se de suas vidas anteriores, tendo uma transição bem menos difícil do que as que passam pelo renascimento inconsciente.

Há sólidas evidências médicas de o feto em desenvolvimento poder relacionar-se com o plano terreno antes de nascer. Thomas Verney, médico, em seu livro *The Secret Life of the Unborn Child*, afirma: "O feto pode ver, ouvir, ter experiências, provar e, num nível primitivo, até mesmo aprender no útero... E, o que é mais importante, ele pode sentir — não com a sofisticação de um adulto, mas não deixa de sentir."[3]

A pesquisa do doutor Verney mostra que o feto reage aos sentimentos e pensamentos da mãe, bem como à música. É bem provável que o vínculo neuro-hormonal entre a mãe e o feto seja a causa disso. A saúde do feto sofre a influência dos estados emocionais da mãe, o que influi na do recém-nascido.

A mecânica da sistemática do parto num hospital típico deixa de fato muito a desejar. As recomendações a seguir vão facilitar e apoiar o processo de renascimento consciente:

1. A eliminação do choque espinal do recém-nascido quando ele é posto de cabeça para baixo depois de nascer. O indicado é uma orientação mais delicada para o plano terreno.

2. A redução, se não eliminação, de ruídos altos na sala de partos. Os sons produzidos por instrumentos, médicos e enfermeiras devem ser mantidos num volume mínimo a fim de evitar choques para o recém-nascido.

3. O fim da separação entre a criança e a mãe depois do parto. Uma solução muito melhor é colocar imediatamente o recém-nascido ao lado da mãe.

---

2. Goldberg, 1996.
3. Thomas Verney (com John Kelly), *The Secret Life of Unborn Child*, Nova York, Summit Books, 1981, p. 12.

4. A eliminação do choque que sofrem os olhos do recém-nascido mediante a redução da intensidade da luz na sala de partos. Isso vai permitir que os olhos do bebê se acostumem à luz à medida que essa intensidade for gradualmente aumentada.

5. A eliminação do choque respiratório do recém-nascido por meio da concessão de mais alguns minutos, antes de cortar o cordão umbilical. Isso reduz a transmissão de um calor excessivo aos pulmões do recém-nascido decorrente da súbita oxidação.

"Sou agora uma pessoa incomparavelmente feliz..., graças à morte consciente e à sua orientação"

CAPÍTULO 13

A Morte Consciente de uma Mãe com o Filho

O caso de Janine é um exemplo bastante incomum de morte consciente. Sua história se compunha de uma vitimização após outra. Quando tinha vinte e poucos anos, ela se casou com um homem física e psicologicamente agressivo chamado Steve. Eles tiveram um filho, Michael. Depois que Janine fez oito anos de casada, a avó dela morreu e lhe deixou como herança cerca de 100 mil dólares.

Essa foi a primeira experiência pessoal de Janine com a morte. Ela amava a avó e durante vários anos conservou o luto por sua causa. Steve tomou cerca de 70 mil dólares de Janine, antes de divorciar-se dela.

Isso levou Janine a uma grave depressão. Ela sempre exibira tendências à dependência, mas agora estava mais co-dependente do que nunca. Quando Vance entrou em sua vida, Janine estava no fundo do poço. Ela mal podia cuidar das necessidades pessoais e de Michael, visto que lecionava numa escola particular e não ganhava muito dinheiro. Uma promessa que ela fizera a si mesma era a de nunca usar o resto da herança para viver até aposentar-se.

Ela começou a se encontrar com Vance, mas não estava apaixonada por ele. Tratava-se, em ambos os casos, de um relacionamento de conveniência. Vance não parava em nenhum trabalho e não tinha a mínima vontade de trabalhar. Janine precisava de alguém a quem se apegar que não fosse o filho Michael.

Vance, como Steve, era bem mais novo do que Janine. Essa era uma de suas vulnerabilidades. Eles se casaram poucos meses depois de começarem a encontrar-se. Vance mudou de imediato para a casa de Janine e do filho e passou simplesmente a viver do salário dela. Ela não contou a Vance sobre a herança, pois ainda estava marcada pela experiência com o ex-marido. Contudo, numa véspera de Ano Novo, Janine ficou bastante embriagada e contou a Vance sobre seu pecúlio. Vance então começou a procurar maneiras de "investir" esse dinheiro. Janine recusou-se até que ele ameaçou deixá-la se ela não lhe confiasse o dinheiro.

Janine concordou e transferiu o dinheiro para a conta dele. Meses depois, ao chegar em casa, encontrou o apartamento vazio. Vance se fora, levando a mobília e o resto da herança.

Janine ficou sem dinheiro, deprimida e sozinha. Ela teve de fazer um empréstimo para comprar móveis para que o filho não tivesse de dormir no chão. Como compensação por seus muitos problemas, Janine desenvolveu o hábito de gastar compulsivamente. Ela terminou por ficar sem os poucos dólares que economizava. Para completar, passou a ter insônia a partir do momento em que começaram seus crescentes problemas financeiros, e uma longa história de inúmeras alergias.

Ela também era uma música frustrada. Tocava guitarra e queria seguir a carreira de música. Michael representava a única alegria em sua vida. O trabalho era tedioso e sem recompensas. Ela com toda certeza não estava preparada para o que iria acontecer.

Seu médico lhe recomendou uma histerectomia para tratar um problema de saúde de longa data. Ela concordou relutantemente com a cirurgia. E quase morreu durante a operação. Na verdade, teve uma experiência de quase-morte (EQM) clássica.

Essa EQM representou um ponto de ruptura em sua vida. Essa segunda experiência com a morte levou-a a uma fenomenal evolução espiritual. Seus problemas emocionais desapareceram. Ela pareceu desenvolver uma nova atitude diante da vida e recuperou-se da depressão.

Muitas eram as coisas que não tinham mudado. Ela ainda odiava o emprego, não tinha dinheiro e não eram boas as suas perspectivas como música. Suas alergias também não foram afetadas pela experiência. Ela mantinha-se afastada dos homens e ainda tinha insônia. Mas pelo menos não estava deprimida.

Foi nessa época que "aconteceu" de ela ver meu primeiro livro, *Past Lives – Future Lives*,[1] na livraria local. Ela me ligou para marcar consultas para si e para o filho.

Eles me consultaram em Los Angeles, em 1989. Michael tinha então 9 anos e era um bom paciente de hipnose. Fiz regressão e progressão de vidas

---

1. Goldberg, 1988.

nos dois. Foram aplicadas, a princípio separadamente e depois em conjunto, técnicas de purificação.

É com toda certeza bastante incomum treinar um garoto de 9 anos de idade em técnicas de morte consciente. Janine insistira que eu o fizesse com ele e com ela. Minha explicação da teoria e do procedimento teve de ser consideravelmente simplificada no caso de Michael. Percebi que ele tinha alguma idéia do que fazíamos, mas sua mãe me prometera instruí-lo mais à medida que ele fosse crescendo.

Quando lhe perguntei por que ela julgava tão importante que eu treinasse o filho na morte consciente nesse estágio de sua vida, ela me assegurou que as instruções para fazê-lo lhe tinham ocorrido num sonho que ela tivera pouco depois da sua EQM – o que sugeria ser mais provável que se tratasse de um contato com o Eu Superior.

Janine apresentou toda gama de emoções durante nossos encontros. Ela reagia com um imenso júbilo durante as purificações. Tratava-se afinal de uma grande e bem-vinda mudança diante do emprego tedioso e sem recompensas de professora para o qual ela voltaria ao retornar de Los Angeles. Ela e Michael mal podiam esperar para usar as fitas de auto-hipnose que eu gravara para eles.

Voltei a ter contato com ela três anos depois. Alguns meses antes de Michael (então com 12 anos) ter ido acampar com a família do seu melhor amigo e se afogar num acidente de barco.

Janine no início ficou chocada, mas logo recuperou-se e prosseguiu no uso de técnicas de morte consciente. Seu período de luto foi curto (cerca de três semanas), e ela relatou que se manifestara outra capacidade incomum. Ao que parece, em várias ocasiões ela tinha uma estranha "sensação de formigamento" nas pernas. Essa sensação era sucedida por uma comunicação telepática da alma de Michael.

Desde sua primeira manifestação, Janine sentiu-se tranqüila com esse fenômeno. Michael dissera-lhe que estava em segurança e com seu anjo (ele sempre se referia ao Eu Superior como seu anjo). Ele falou que ela não devia se preocupar com ele e que ela um dia iria estar com o seu próprio anjo.

Perguntei-lhe como ela encarava isso e Janine informou-me que estava em paz com a vida. Ela aceitara plenamente a morte de Michael e sentia que ele morrera conscientemente. Ela também se dizia confiante em poder morrer conscientemente quando chegasse a hora.

Sua vida também mostrava um considerável progresso a partir da última vez que eu os vira. Ela já não tinha alergias. As despesas compulsivas, bem como a insônia e as dores de cabeça, eram agora uma lembrança. Ela deixara o emprego e conseguira um trabalho interessante e mais bem remunerado numa grande empresa de contabilidade. Além disso, conhecera um bom homem, com o qual mantinha um relacionamento deveras gratificante havia mais de um ano.

Por fim, ela tocava agora numa banda de *rock* nos fins de semana e, de vez em quando, numa banda de *blues*. Parecia ter pleno controle de sua vida.

Ela me escreveu uma carta muito delicada na qual dizia: "Meu coração transborda de amor e de compreensão pelas pessoas, pelos animais e pelas coisas. Sou agora oficialmente uma pessoa incomparavelmente feliz graças à morte consciente e à sua orientação."

Não apenas me sinto feliz com a evolução de Janine como vejo que o seu caso é o que mais se aproxima da possibilidade de documentar a base teórica da morte consciente: a de que a alma efetivamente volta, evitando as forças desorientadoras do ciclo kármico (ver figura 1). No capítulo 15, darei um exemplo bastante contundente de um caso documentado de morte consciente.

> ...a experiência de purificação
> ...resulta num estado de espírito
> em que vigoram a paz e a tranqüilidade

CAPÍTULO 14

Uma Morte Consciente no Hospital

Recebi anos atrás um chamado de emergência de um homem com relação à sua mulher. Norm acabara de internar a esposa, Rose, no Johns Hopkins Hospital por causa de um grave distúrbio pulmonar. Ao que parece, Rose usava apenas 20% dos pulmões, e a situação era crítica.

Rose lera meu primeiro livro, *Past Lives – Future Lives*,[1] e queria passar pela experiência de uma progressão a vidas futuras. Ela sabia que seus dias no plano terreno estavam prestes a expirar. Vários especialistas a tinham examinado e eram unânimes em sua opinião acerca do estado de Rose: ela não tinha muito tempo de vida.

Rose instruíra o marido, Norm, para conseguir a minha ida ao hospital a fim de realizar com ela uma sessão hipnoterápica. Como sabia que ia morrer, Rose queria ter certeza de que voltaria em algum momento futuro a viver num corpo.

Norm não partilhava da crença de Rose na reencarnação. Conhecia a minha reputação e me respeitava, mas simplesmente não julgava que a mulher ou quem quer que fosse pudesse "voltar".

Como fiz residência hospitalar durante a minha pós-graduação em odontologia, tenho privilégios hospitalares no Johns Hopkins e consegui acertar uma consulta para ela. Você pode imaginar a atitude de alguns médicos mais convencionais da instituição quando lá cheguei.

---

1. Goldberg, 1988.

Minha conversa inicial com Rose revelou várias coisas. Em primeiro lugar, que ela estava profundamente deprimida. Tivera uma vida sem alegrias e a passara quase sempre doente. Seu relacionamento com Norm estava longe do ideal. O fato de ela vir de uma família abastada não assegurara a felicidade de Rose.

O segundo fator observado foi a atitude diametralmente oposta das enfermeiras com relação ao médico de Rose. Enquanto aquelas aprovavam plenamente meu trabalho, o pneumologista se opunha até mesmo à minha presença. Suas objeções baseavam-se simplesmente no fato de que ele não acreditava na reencarnação e julgava que a minha ida lá de algum modo lhe causaria embaraços.

Felizmente, o hospital não partilhava o seu antagonismo e deixou que eu trabalhasse com Rose. Recebi um relatório do especialista, que me disse ter ela no máximo quatro semanas de vida. Isso também foi dito a Norm e a Rose, prognóstico que não fez bem ao estado depressivo desta.

Gostei de Rose assim que a vi. Ela tinha uma verdadeira motivação para trabalhar comigo. Como há muito tempo acreditava na reencarnação (o que não é necessário para que a morte consciente seja efetiva), Rose tinha lido muita coisa a respeito e era uma excelente paciente de hipnoterapia.

Ela me perguntou se eu poderia deixar que várias de suas enfermeiras estivessem presentes à terapia. Naturalmente, não fiz nenhuma objeção a isso. Minhas sessões ocorriam na presença de Norm e na de três a seis enfermeiras.

Rose fez um histórico de sua vida e percebi que ela não levava uma vida muito feliz. Mulher de uns 60 anos, sem filhos e que só tinha Norm ao seu lado, Rose parecia praticamente entorpecida. Não amava nem nunca amara Norm. Passara a vida deprimida e vitimada por uma longa série de doenças psicossomáticas. Tivera problemas respiratórios por quase toda a vida. Vendo-lhe a falta de expressão emocional, percebi por que ela estava pronta para morrer.

Norm me falou sobre a vida infeliz de Rose e mostrou-se um tanto culpado pelo seu papel nela. Ele de fato tentara fazê-la feliz, porém também tinha muitos problemas pessoais.

As enfermeiras me forneceram informações úteis acerca do estado de espírito de Rose desde que fora internada e da medicação que usava. Rose estava ligada a sensores de vários aparelhos, sendo difícil a movimentação em seu quarto.

Minha primeira sessão terminou com um longo transe hipnótico e um exame com a mente supraconsciente de várias vidas passadas de Rose. Iniciei ainda uma purificação para elevar a freqüência vibratória do seu subconsciente (alma). Fiz então uma progressão a vidas futuras.

Durante a próxima vida de Rose, na metade do século XXI, ela se viu como uma jovem mulher, dedicada a instituições de caridade. Ela ajudava muitas pessoas menos afortunadas. Além disso, era casada, tinha dois filhos e levava uma vida feliz.

Até aquele momento Rose não expressara uma só emoção. Mostrava-se deprimida e mal podia falar. Depois da progressão, ela deu gritos de alegria e começou a ficar bastante animada. Essa mudança surpreendente chocou o marido e as enfermeiras, que não estavam acostumados a vê-la agir assim.

Ao final da longa sessão, disse a Rose e a Norm que voltaria no dia seguinte e que dedicaria a semana a treiná-la na arte da morte consciente.

Eles concordaram prontamente, e Rose agiu como uma criança que ganha um novo brinquedo. Dei-lhe algumas fitas de auto-hipnose para escutar a fim de assistir sua orientação em minhas técnicas. Cada dia que eu passava no Johns Hopkins trazia mais recompensas do que o encontro anterior. A reação de Rose era excelente, e Norm deu a impressão de mudar de atitude com relação ao que eu fazia.

Espalharam-se rapidamente no hospital notícias sobre o trabalho que eu fazia com Rose. Todos os dias eu observava que novas enfermeiras e residentes queriam ver a terapia com os próprios olhos. Rose agora conseguia rir e chorar. Ainda tinha problemas para falar e respirar, mas era decididamente outra pessoa.

Embora o pessoal do hospital me fizesse inúmeras perguntas sobre as bases teóricas do que eu fazia, meu tempo tinha de ser dedicado ao trabalho clínico com Rose. Todos eram muito respeitosos e aguardavam com paciência que eu fizesse uma pausa nos procedimentos, antes de me dirigir perguntas.

Eu tinha a impressão de dirigir um seminário prático; passava todos os intervalos para café e para refeições discutindo os detalhes e a fundamentação teórica do karma, da reencarnação, da física quântica e da morte consciente.

Enquanto se aproximava o fim de cada semana e da minha terapia com Rose, Norm pareceu ter mudado sua opinião de tanto tempo acerca da reencarnação. Ele mal podia acreditar na mudança de estado de espírito por que Rose passara. Pela primeira vez, desde que a conhecera, sua mulher dava a impressão de estar em paz. A expressão "em paz" me foi dita várias vezes pelas enfermeiras e pela própria Rose. Esse é um dos principais benefícios da morte consciente. A experiência de purificação do paciente resulta, sem exceções, num estado de paz e tranqüilidade.

Pouco antes de eu deixar o hospital pela última vez, falei com Rose sobre tudo o que tínhamos conseguido. Não foi um sumário do tratamento nem uma sessão de recapitulação. Expliquei-lhe que em breve ela teria a oportunidade de aplicar essas técnicas. Ela entendeu e me fez algumas perguntas muito pertinentes.

As últimas palavras que Rose me disse foram: "Deus o abençoe e ao seu trabalho." Duas semanas depois, Norm me ligou e disse-me que Rose falecera. Ele ficara com ela até o fim. Pouco antes de morrer, ela sorria e lhe disse: "O doutor tinha razão; estou pronta."

"...voltaremos a nos encontrar..."

CAPÍTULO 15

Um Exemplo Documentado de Morte Consciente

Quando iniciei meu trabalho com regressão a vidas passadas, em 1974, os críticos sempre diziam ser impossível provar a existência da reencarnação. Concordo com isso, mas acho que é possível apresentar sugestivas evidências que estabelecem a hipótese de que a alma continua a viver em outros corpos físicos. A única maneira de fazê-lo é verificar os dados fornecidos pelo paciente durante a regressão e procurar corroborá-los. E isso foi feito alguns milhares de vezes por vários pesquisadores.

Contudo, meu segundo livro, *The Search for Grace*,[1] descreve um exemplo de reencarnação que foi plenamente comprovado por um pesquisador independente contratado pela rede de televisão CBS. Esse caso, baseado numa regressão feita em 1988, deu origem ao filme de televisão "Search for Grace" [Em busca da graça/de Grace]*, tendo por protagonistas Lisa Hartman e Ken Wahl, exibido pela primeira vez em 17 de maio de 1994. O mais significativo acerca da documentação foi que dois fatos que a paciente me dissera em transe não foram confirmados pelos registros de jornais da época (1927). Na regressão, ela me dissera que tinha 32 anos de idade ao morrer e que o nome do filho era Cliff. As reportagens dos jornais diziam que Grace Doze tinha 30 anos e que o filho era Chester Jr.

---

1. Goldberg, 1994 e 1997.
* *Grace* = graça. Grace é também o nome da pessoa em questão. (N.T.)

Uma busca posterior de sua certidão de nascimento revelou que ela estava certa e que os repórteres de Buffalo tinham cometido pequenos erros. Como Nova York é um Estado fechado e como é necessário obter (ao lado de um pedido escrito protocolado no governo) permissão política para ter acesso a esses registros, minha paciente não podia conhecer os fatos verdadeiros anteriores a 1992 à época da pesquisa (Fiz a regressão da paciente [Ivy] em 1988.). Esse fato foi verificado quando um representante do departamento de registros públicos foi entrevistado por uma estação de rádio de Buffalo no dia em que se exibiu o filme na televisão. Eu também fui entrevistado no mesmo programa.

Discuto o caso aqui para mostrar os problemas potencialmente envolvidos com a documentação. É muito difícil corroborar uma vida passada. E como se poderia documentar um caso de morte consciente?

Como o paciente deixa o plano terreno ao morrer conscientemente, toda comunicação comigo se encerra. O caso a seguir não apenas ilustra, a meu ver, os benefícios da morte consciente como também apresenta provas altamente sugestivas de uma ocorrência documentada dessa experiência.

Em 1979, consultou-me uma senhora de 64 anos. Edna estava morrendo de câncer e tinha apenas uns poucos meses de vida. Quando a entrevistei, vi uma mulher deprimida e solitária mais temerosa de viver do que de morrer.

Edna era viúva e tivera um filho que morrera ainda adolescente, há muitos anos atrás, num acidente de carro. Tinha poucos amigos e sentia-se abandonada pela família. Embora deprimida, não era suicida. Não esperava com alegria o dia seguinte, mas não tinha medo de morrer.

Edna há muito tempo abandonara sua crença em Deus. Sua vida era tão cheia de tensões e marcada por tantas perdas que ela não acreditava em nada. A idéia da reencarnação soava-lhe atraente em termos filosóficos, mas ela simplesmente não tinha certeza do que aconteceria depois da morte.

A única alegria que tivera na vida fora tocar piano. Desde criança, tocava música clássica nesse instrumento, mas agora, devido à artrite e à sua saúde debilitada, isso se tornara impossível. Edna já não conseguia tocar piano.

Sua vida era marcada por contínuas tragédias e perdas. Sempre fora indecisa, mesmo quando criança. A família a apelidara de "Iffy" para refletir seu traço de personalidade que a fazia dizer "If only I have done this..." ["Se ao menos eu tivesse feito..."].

Quando trabalhei com ela, fizemos a pedido seu várias regressões a vidas passadas. Ela relatou várias vidas traumáticas e infelizes. Sua indecisão aparecia na maioria dessas vidas. O que era bastante interessante é que uma vida um tanto positiva era caracterizada pela sua atividade de tocar piano como professora de uma escola na década de 1800.

Essas regressões ajudaram Edna a encarar a idéia da imortalidade da alma.

Ela não tinha interesse em perceber uma vida futura, mas várias sessões de morte consciente foram realizadas. No curso dessas purificações, ela se referia ao seu espírito-guia pelo nome Shamani.

Edna mostrava-se muito menos deprimida quando completei seu treinamento. Parecia pronta a aceitar sua iminente transição e lidar bem com ela, bem como a aplicar suas técnicas de morte consciente. Sua vizinha sempre levava Edna ao meu consultório e reforçou as minhas observações.

Sempre vou lembrar-me de nossa última conversa. Pouco antes de deixar o meu consultório pela última vez, ela me tomou a mão e disse: "Vamos nos encontrar novamente." Embora não seja incomum ouvir isso de um paciente, era a primeira vez que isso vinha de alguém com poucos meses de vida. Dois meses depois, sua vizinha me informou que Edna morrera. Afirmou ter a morte sido pacífica, visto que ela morrera com um sorriso nos lábios.

Em 1988, um casal do Meio-Oeste ligou para o meu consultório e marcou uma consulta para sua filha de 7 anos, Paula. Tratava-se de um casal deveras convencional que não acreditava na reencarnação.

A mãe de Paula vira-me fazer uma regressão a vidas passadas no *Phil Donahue Show* e mostrou-se preocupada com o estado mental de Paula. Ela sentira que eu era o terapeuta perfeito para a filha.

Quando eles chegaram ao meu consultório, obtive uma detalhada história do "problema" de Paula. Desde que começara a falar, a menina fizera várias referências à sua família perdida. Falou sobre o filho e o marido e da dificuldade de ser uma velha senhora que morava sozinha. Paula também mostrava um talento e um interesse natural por tocar piano, gostando especialmente de tocar música clássica. Esse passatempo agradara aos pais, mas seu comportamento anterior os deixara preocupados.

Os pais de Paula julgavam que ela estava "possuída" por algum mau espírito e me pediram que exorcizasse o demônio. Trabalho com muitas crianças na minha clínica. A atitude e as maneiras de Paula eram as de uma criança brilhante, criativa, comunicativa e feliz. As preocupações dos pais eram bem-intencionadas, mas a minha interpretação do comportamento de Paula era que ela exprimia as maneiras de sua última vida.

Paula estava na segunda série e era uma estudante modelo. Tinha companheiros, mas preferia a companhia dos adultos, especialmente dos avós.

A garota me perguntou se eu me incomodava de chamá-la pelo apelido. Eu disse "Claro que não" e perguntei qual era. Fiquei literalmente em choque quando ela disse "Iffy". Os pais confirmaram que ela gostava de ser chamada assim, mas simplesmente não conseguiam adotar esse seu apelido.

Os pais estavam presentes quando fiz a regressão de Paula à sua vida anterior. Ela me contou a história de Edna. Vários fatos foram facilmente confirmados pelos meus registros, e quando fiz essa regressão eu tinha a ficha de Edna na mesa para referência.

Durante um contato com a mente supraconsciente, Paula voltou a me chocar. Ela falou do plano anímico e do seu guia. E então disse: "Shamani está dizendo alô." Esse era o nome que Edna usava para descrever seu Eu Superior.

Paula nascera em 1981, apenas dois anos depois da morte de Edna. Ela mal sabia ler e nunca lera livros sobre reencarnação. Seus pais não acreditavam em vidas passadas e não tinham absolutamente nenhum motivo para fazer com que a filha mentisse para mim. Além disso, é bem provável que não pudessem conhecer Edna, que além de ter poucos amigos, vivia a 2.400 quilômetros de distância deles.

Não há explicação lógica ou convencional para este caso. Ao que parece, Edna teve de reencarnar, mas escolheu uma vida em que está feliz e bem-ajustada. Edna pode tocar piano outra vez. Como renasceu conscientemente, tem lembranças de suas vidas passadas.

Bem-vinda de volta, Edna! Sim, realmente nos encontramos outra vez. E obrigado, do fundo da minha alma, pelo seu caso documentado de morte e renascimento conscientes.

...quanto mais você se aproxima de sua transição, tanto mais compreende como viver

CAPÍTULO 16

Sua Própria Transição

Este capítulo foi escrito para pessoas que, sofrendo de uma doença terminal, acham-se prestes a fazer a transição para o "outro lado". Sua "doença terminal" pode ser simplesmente a velhice. Seja qual for a sua situação particular, apresento aqui uma diretriz para fazer dessa metamorfose uma transição pacífica. Estou supondo que você decidiu fazer essa transição em casa.

O paciente à beira da morte é sempre vulnerável à ansiedade. Já descrevi os estágios do morrer no capítulo 8. Releia esse capítulo para entender por inteiro o que ocorre em sua vida em termos emocionais.

Embora a minha perspectiva seja o nível de energia, isso não quer dizer que eu seja insensível ao turbilhão emocional que você ora experimenta. Todos os elementos do seu mundo podem desencadear a ansiedade a qualquer momento. Todas as suas experiências com pessoas, com eventos e de comunicação o recordam de que você está morrendo. Sua resposta natural é ficar irado ou deprimido.

A frustração também se estabelece aqui. No momento em que você está assimilando o mundo ao seu redor, mundo que breve você deixará, algo o recorda de sua morte iminente. A própria palavra *morte* pode soar dura ou impessoal. Essa é uma das razões por que dou à passagem o nome de transição pacífica. O termo "morte" é, como tenho explicado no livro, impreciso.

Espero que a esta altura você tenha adotado um sistema de crenças que inclua a imortalidade da alma. Não é preciso aceitar esse conceito metafísico, mas ele de fato facilita a crença na certeza dessa transição. Você é o juiz último quanto a isso.

Você vai descobrir em si, neste momento, a tendência a dar prioridade ao que você acha importante fazer e às pessoas que você quer ver. Não se surpreenda ao descobrir o que denominei "ironia da transição". Isso indica simplesmente que quanto mais nos aproximamos da nossa transição, tanto mais aprendemos a viver. Pense nessa época como o ensaio de uma peça. Os últimos três meses de sua vida física exigem que toda a fé, todo o conhecimento e todo o apoio que você adquiriu durante toda a sua encarnação se unam para permitir que o seu desempenho seja indiscutivelmente melhor, a morte consciente.

A filosofia de viver cada dia entra em ação aqui. Planeje todos os dias de manhã as metas que você mais deseja alcançar. Essa agenda não pode ser sobrecarregada e precisa estar estruturada de modo a incluir eventos que ofereçam boas recompensas. Isso pode envolver a realização de tarefas pequenas, mas importantes, ou a partilha de intimidades com entes queridos.

Uma das metas que você pode incorporar é fazer alguma delicadeza para um visitante ou pessoa que cuida de você. Isso pode consistir em perguntar-lhes sobre a vida deles, em agradecer-lhes ou em dar-lhes um presentinho. É fundamental que você não afaste as pessoas neste momento. Seu amor por elas e sua comunicação com elas é parte da sua evolução espiritual e vão assisti-lo na consecução de uma transição pacífica.

Naturalmente, as atividades mais importantes que lhe recomendo que realize nesse período vinculam-se às técnicas fornecidas no capítulo 10. Sugiro enfaticamente que você grave fitas com esses roteiros e pratique diariamente. As técnicas mais relevantes para você são as meditações de antes e de depois da morte e a experiência fora do corpo consciente. Os outros podem ser feitos com menor freqüência.

O conhecimento que você vai obter acerca de sua iminente transição vai ajudá-lo a dissipar as ansiedades costumeiras. Lembre-se de que o maior medo que as pessoas têm é o de sua própria morte. Na minha experiência, os pacientes não temem a transição, mas com certeza ficam ansiosos com relação à sua morte. Não se trata de simples diferença semântica entre termos. É uma mudança consciente que pode muito bem resultar numa morte consciente em vez de uma experiência de morte inconsciente.

Voltando à agenda diária, este é um momento de sua vida em que você deseja alimentar os pequenos prazeres que lhe são caros. Ler, pensar, dedicar-se a passatempos criativos, cantar, olhar fotografias ou ligar para amigos com quem há muito perdeu o contato — eis exemplos de coisas que você pode resolver fazer agora.

Não comprometa seus direitos essenciais só porque breve deixará este mundo. Você tem direito à privacidade, a pedir informações sobre a sua doença e os tratamentos possíveis, bem como a obter tudo o que for necessário para o seu bem-estar. Você tem direito a dormir em paz e a ser confortado, a controlar o máximo possível as questões cotidianas de sua existência: o que comer, que remédios tomar, visitantes e o modo de ocupar seu tempo. Você pode sentir e expressar sentimentos, por maior que seja o desagrado que causem nos outros. Você tem o direito de desenvolver a espiritualidade na direção que quiser. Eis aqui uns poucos daqueles que denomino "Direitos kármicos de transmissão".

É responsabilidade sua afirmar-se e informar a família que quer ser parte do lar na forma que escolher. Não se proíba participar das atividades dos seus entes queridos; peça-lhes que o incluam em seus planos, mesmo que às vezes isso lhes traga dificuldades ou inconvenientes. Isso pode incluir a participação em planos de férias das quais você não vai participar devido à sua transição.

Há muitas questões práticas a considerar neste momento. Você terá de decidir sobre seu funeral, doação de órgãos, testamentos e coisas do gênero, bem como outros itens específicos de sua situação. Você também terá de determinar a disposição dos bens pessoais.

Como as querelas em torno de propriedades podem fazer aflorar nas famílias o que existe de pior, é aconselhável que você mesmo cuide de seu legado. Você pode preferir dar jóias, móveis e outros itens a certos parentes e amigos como sinal de seu amor e apreciação. Doar bens pessoais a várias pessoas estabelece um sentido de valor e de coesão na família. A maneira mais fácil de fazer isso consiste em fazer uma relação de todas as coisas que você valoriza e das pessoas a quem gostaria de dá-las. Se estiverem em jogo dinheiro ou propriedades, sugiro que você consulte um advogado ou um escritório de aconselhamento legal para fazer um testamento em que a disposição das propriedades seja clara e sem complicações para os herdeiros.

Você também deve ser informado sobre quaisquer prováveis complicações médicas associadas à sua condição. Uma conversa radicalmente franca com o médico da família deve ocorrer neste momento. Às vezes, será preciso indicar alguém que possa falar e agir por você caso fique incapaz de fazê-lo ou se estiver preocupado com a possibilidade de não conseguir representar a si mesmo de maneira apropriada. Os livros assinalados no Apêndice A discutem esses assuntos com maiores detalhes.

Mesmo com todas as boas intenções que você tem com relação à sua transição iminente, o fato de estar em pauta uma mudança de consciência pode provocar uma ansiedade desnecessária. A principal causa dessa reação são as falácias sobre o que de fato acontece com o corpo durante a sua morte física. Eu gostaria de discutir esse tema tão sensível da morte do ponto de vista médico.

Você vai se apagar pouco a pouco à medida que se aproxime a morte física. Você pode ter uma sensação de inquietude se estiver consciente várias horas antes da transição. Os membros da família vão sentir que você está bem distante. A maioria das pessoas na verdade morre dormindo, mergulhando na transição sem perceber coisa alguma do que acontece. É muito raro que um paciente moribundo tenha uma sensação de sufocação ou de choque pouco antes de morrer.

Certas marcas fisiológicas serão evidentes no momento da morte. O paciente pode ter exalações prolongadas ou então ter respirações curtas e parar de respirar por inteiro. O coração vai cessar de bater. Existe de modo geral perda de controle da bexiga e dos intestinos. O paciente não reage a gritos nem a sacudidelas do corpo, e seus olhos permanecem abertos e fixados num dado ponto. A boca vai abrir-se ligeiramente e pode haver uma projeção de ar ou de resíduos nos orifícios do corpo. O paciente está agora clinicamente morto.

Não se esqueça de ter em mente que o seu espírito ou alma está neste momento muito ativo. A alma separou-se do seu corpo gasto, mas os entes queridos sempre vão prezar a sua memória, o que será facilitado pela presença de sua alma. Encorajo-o a deixar de lado nesse momento idéias, coisas, locais, pessoas e problemas. O processo de morte consciente será facilitado pela sua compreensão e aplicação desse importante princípio. Isso será conseguido facilmente mediante a técnica da experiência fora do corpo consciente.

Assuntos inacabados

A maioria das pessoas supõe que a morte é permanente e irreversível. Elas reconhecem a universalidade e inevitabilidade da morte, mas a definem apenas como a cessação do funcionamento fisiológico. O morrer e a morte são vistos quase sempre, na nossa cultura civilizada, como algo a ser temido e evitado o máximo possível.

A morte, especialmente a consciente, é uma excelente oportunidade de evolução espiritual. Já trabalhei com centenas de pacientes moribundos, treinando-os para fazer conscientemente essa transição. O que observei equivale a um grande crescimento, refletido na capacidade que esses pacientes desenvolviam no sentido de livrar-se dos temores relativos à morte e de considerar essa viagem com uma atitude de orgulho, de honra e de paz.

Esse é um período para levar a termo os negócios inacabados. Refiro-me com a expressão negócios inacabados especificamente à capacidade de abrir o coração e de remover todos os ressentimentos e temores; trata-se de uma forma de perdão representada pela doação de amor. Para acabar os seus negócios, você tem de parar de se apegar ao passado. Podemos terminar nossos negócios inacabados mediante a remoção da tendência de nos separar dos outros, adotando em vez disso a fusão numa unicidade espiritual com eles.

Esse princípio é perfeitamente ilustrado pela fusão da nossa alma com o nosso Eu Superior no momento da morte. A morte consciente faz exatamente isso. Assim, levar a termo os negócios inacabados não é um equilíbrio de contas executado pela tentativa de retificar todos os erros que possamos ter cometido em nossas várias estadas. O princípio kármico do perdão torna isso totalmente desnecessário.

Quanto mais treinamos a nossa mente para funcionar com clareza e compaixão, tanto menos nos vemos às voltas com os "ego-ísmos". Quanto menos superficiais formos e quanto mais pudermos sentir a nossa consciência em si (Eu Superior), tanto menos iremos apegar-nos às próprias inseguranças que diminuem a qualidade das nossas vidas e nos mantêm nesse ciclo de nascimento e morte. Não é necessário definir quem ou que ser é; basta entrar em sintonia com ele.

Existe uma piada metafísica que costumo contar nos meus seminários: "Qual é a única vitamina holística da Terra? A vitamina B_1 [*Be one* = estar em sintonia]. Se você puder estar em sintonia com o seu problema, você já estará curado."

Não podemos ser íntegros se vivemos fingindo. A maioria dos relacionamentos não tem substância porque, em nossas relações com os outros, negamos boa parte de nós mesmos. Fazemo-lo porque levamos a nossa vida em termos de fachada. As pessoas preocupam-se mais em fazer a "coisa certa" e em ser "politicamente corretas" do que em evoluir como pessoas.

Quantos de nós fazem ou dizem coisas que não querem? Quantos de nós agem hipocritamente e, depois, usam as drogas, o sexo ou alguma outra distração para reprimir a culpa inevitável advinda dessas ações? O termo "amor" foi usado de maneira tão abusiva que já não tem sentido real. Quantas vezes um pai ou amante fez alguma coisa negativa em nome do "amor"?

A maioria das pessoas não compreende o amor mais do que compreende o ciúme, o temor, o júbilo ou a raiva. O "amor" expresso mais comumente é na verdade um conjunto de necessidades e desejos, de momentos de fortes sensações e êxtases nomeados de maneira incorreta.

A questão do amor reflete-se mais em sentimentos de culpa, de posse, de ciúme, de separatividade, de manipulações, de necessidades irracionais e outras modalidades de insegurança. O amor se traduz bem mais em autoproteção. Trata-se de um assunto sempre inacabado porque, até reconhecermos que o amor é um estado de ser e não uma mera emoção, sempre teremos um amor condicional.

Para o amor ser incondicional, não pode haver um "eu" e um "outro". O amor incondicional não é dualista; é unicidade, fusão com o nosso Eu Superior. Somente quando abandonamos a nossa separatividade do universo e nos fundimos com a nossa energia perfeita, podemos amar incondicionalmente. Essa é uma das metas da morte consciente. Não existem assuntos inacabados.

Muitos dos meus pacientes enlutados têm assuntos inacabados com o ente querido falecido. Esses pacientes sentem que é tarde para exprimir seu amor por esse ente querido e sentem-se culpados por não terem sido capazes de fazê-lo quando ele estava vivo. O treinamento dos pacientes para "enviar" amor à alma da pessoa falecida permite levar a termo esse assunto. O contato com a mente supraconsciente, a progressão a vidas futuras e a experiência da morte consciente são apenas três das técnicas capazes de facilitar isso.

Jesus disse que a fé pode mover montanhas. Eu digo que o amor representa a totalidade do nosso ser, que nos dá a oportunidade de eliminar nossa separatividade e de, fundindo-nos com a energia do Eu Superior, formar unidade com o universo.

É muito fácil na vida que nos confundamos e não vejamos a floresta além das árvores. Esquecemo-nos de que somos parte do processo. A nova física demonstra que a nossa consciência cria esse processo e suas várias ramificações.

Uma solução possível é o perdão. O perdão nos permite a libertação dessa separatividade, que de modo geral toma a forma de ressentimento. Sentindo a dor do outro e libertando-se dela por meio do coração, podemos obter esse resultado. Uma Maharaji disse: "Não expulse ninguém do seu coração." E você tira você mesmo dele quando trata alguém dessa maneira. Jesus disse melhor: "Não julgueis para não serdes julgados."

É o nosso orgulho e o nosso ressentimento (manifestações do nosso ego) que bloqueiam o perdão. Isso nos faz infensos a novas experiências de crescimento. Porém tornar-nos receptivos à nossa própria energia perfeita (Eu Superior) e, assim, ao nosso verdadeiro ser e dos outros é o único mecanismo capaz de levar a uma real solução desse problema, antigo como o mundo, da separatividade e da dualidade.

O perdão leva à compaixão, que faz que a dor, evoluindo, se torne amor. O resultado é um mergulho na unicidade. Quando todos somos um, não há assuntos inacabados.

O último ponto que desejo discutir é uma forma de completar a própria vida. Há certas pessoas a quem você vai querer dizer adeus e agradecer pelo que representaram em sua vida. Muitas delas contribuíram para que você aceitasse o prognóstico de sua condição e assumisse o controle de sua vida. Essa "assunção da transição" permitiu que você aproveitasse de maneira mais plena seus últimos dias de vida.

Algumas dessas almas evoluídas estarão ao seu lado até o fim, e despedir-se delas é que costuma ser mais difícil para você. Para começar, considere-se afortunado por tê-las tido consigo. Em segundo, diga-lhes o que sente, pois isso lhes reduzirá o período de luto. Rejubile-se ao saber que pode eventualmente voltar a unir-se a essas almas, em outro tempo e quem sabe em outra dimensão. Isso vai facilitar a sua transição pacífica, e, finalmente, também a deles.

> Não existe experiência
> comparável...
> à de estar com alguém
> no seu momento final

CAPÍTULO 17

O Seu Papel ao Cuidar de Outras Pessoas

Pesquisas recentes mostram que quatro entre cinco pessoas desejam morrer em casa. Na prática, 80% delas passam por essa transição numa instituição. É altamente preferível morrer em casa, com os entes queridos, os animais de estimação, os amigos e um ambiente agradável.

Quando se está em casa, sente-se menos medo da morte. Isso costuma resultar em menor necessidade de medicação analgésica. Os ressentimentos, ciúmes e disputas que podem ter caracterizado a dinâmica familiar costumam desaparecer quando um ente querido está prestes a fazer a transição.

O ambiente do lar pode abreviar o período de luto da família e reduzir seus sentimentos de culpa. Não há experiência comparável, nesse nível de intimidade, à de estar com alguém em seu momento final. Isso quase sempre promove entre as pessoas uma proximidade de que nenhuma outra circunstância é capaz.

O que se exige nesse momento daquele que dispensa cuidados? A pessoa a quem cabe primordialmente essa tarefa talvez já viva com o paciente como seu filho, pai, cônjuge ou amigo; pode ser que alguém seja voluntário ou receba essa incumbência no ambiente familiar, no círculo de amizades ou entre vizinhos; também pode ser que se contrate um profissional de saúde por meio de uma agência, de uma instituição hospitalar ou a partir de uma recomendação pessoal. Esse profissional deve ser, acima de tudo, alguém de quem a pessoa moribunda goste e na qual confie. Não são necessários treinamentos ou habilidades especiais, a não ser a capacidade de ser confiável, carinhoso e atento em benefício do bem-estar do paciente. Todos têm o potencial de cuidar do outro e fazer isso bem. Apesar dos temores iniciais, as pessoas que fazem isso se dão conta de que o mais necessário são as habilidades cotidianas. As capacidades especializadas necessárias podem ser adquiridas com um pouco de prática. Aprende-se facilmente a aplicar injeções, a monitorar um cateter, a alimentar um paciente imóvel e dar um banho na cama.

Os candidatos a essas funções muitas vezes têm dúvidas sobre sua capacidade de aceitar a responsabilidade dessa posição e de conviver com ela. Você pode determinar sua condição de representar esse papel dando respostas afirmativas às seguintes perguntas:

- Você é saudável e enérgico?
- Você é flexível e capaz de adaptar-se a necessidades imediatas?
- Você é organizado e capaz de estabelecer prioridades?
- É capaz de usar senso de humor em situações de incômodo ou embaraço? Pode abrandar as atitudes alheias com relação aos problemas e continuar ao lado da pessoa quando a situação se complica?
- Gosta de estar na companhia das pessoas? Sente-se à vontade para oferecer-lhes ajuda?
- É capaz de comprometer-se segundo a necessidade em termos de tempo ou de conseguir que outras pessoas cubram a sua ausência de vez em quando em situações que exigem atenção ininterrupta?
- É capaz de receber bem novas idéias e sugestões dos outros? Gosta de adquirir novas habilidades, fazer perguntas e aprender como as coisas funcionam?
- Gosta de pensar em maneiras criativas de resolver problemas? Obtém prazer na aplicação do "senso comum" a um novo desafio?

Os potenciais candidatos podem exprimir dúvidas; podem temer que o relacionamento com a pessoa moribunda não atenda às expectativas ou a incapacidade de suportar a pressão diária do viver com a pessoa à morte e do cuidado dela, o que inclui o medo de estar presente no momento de sua morte. Alguns temerão as coisas "médicas" e sua incapacidade de proporcionar suficientes cuidados médicos ao paciente.

Para compreender plenamente esses temores, examinemo-los mais de perto. *Seu relacionamento com o paciente moribundo é forte o bastante?* Pense nas seguintes interrogações:

- O que você gosta nele e o que ele gosta em você?
- O que é peculiar ao relacionamento entre vocês?
- Vocês já partilharam crises antes? Como? O que houve de bom em sua relação nessas ocasiões? O que provocou pressões?
- O que vincula vocês dois?
- Você se sente tranqüilo com relação à força do seu vínculo?

Você vai descobrir mais coisas que ligam vocês dois com a passagem do tempo. Nenhum vínculo é isento de complicações. Pode bastar um comentário casual para desencadear uma velha raiva malresolvida entre vocês. Lembre-se de que incidentes como esses são temporários e não reduzem a força de sua relação. Nossa capacidade de compreender e de nos exprimir nesses momentos reforça nossa ligação com o nosso próprio eu, com o paciente e com outras pessoas.

A maioria das pessoas que se encarregam de cuidados diz ter tido algumas ansiedades com relação aos cuidados na casa do paciente, mas que o fizeram de qualquer maneira e que a escolha foi acertada. Seus temores e dúvidas foram substituídos pelos fatos e pela experiência.

Posso agüentar a pressão do cotidiano? Você vai ouvir que dar injeções, esvaziar comadres, trocar roupas e outros procedimentos são simples, mas pode pensar que não o são para você. Lembre-se de que, embora a doença seja indesejável, desagradável e até suja, a pessoa que dela padece não o é. Tente concentrar-se em seu relacionamento mútuo e no que você tem em comum com o paciente e veja se essa perspectiva supera os obstáculos.

Você pode criar uma equipe de companheiros, profissionais e auxiliares que possam dar recados, fazer visitas e aconselhá-lo. Você vai descobrir que desenvolveu consigo mesmo um novo relacionamento. Os cuidados em casa são uma experiência semelhante a um rito de passagem; cada momento é pleno de nova compreensão e autoconsciência, trazendo oportunidades de aprendizagem sobre como você pode cuidar de si mesmo.

Não tenho formação médica. É provável que não haja nada muito difícil em termos dos cuidados médicos necessários. A maioria das pessoas e a maioria das casas pode dar apoio ao paciente terminal. As pessoas moribundas, de modo geral, não exigem equipamentos complicados, e boa parte dos cuidados que serão precisos não difere dos que você proporcionou a si mesmo, aos seus filhos ou a amigos doentes.

Você pode ter medo de fazer alguma coisa que machuque ou mate o paciente, o que se assemelha ao temor das mães novatas no cuidado dos filhos. Para aliviar essa ansiedade, discuta suas preocupações específicas com a enfermeira ou com o médico que visita o paciente. Descubra as fraquezas físicas do paciente e que perigos esperar.

Antes de tentar cuidar do paciente em casa, você terá necessidade de conseguir um médico que visite pessoalmente ou não o paciente, garantir a possibilidade de consultá-lo 24 horas por dia e ir à casa quando o paciente entrar na transição. Muitas pessoas têm dificuldades de encontrar um médico que atenda em domicílio, especialmente nos fins de semana ou no meio da noite. É importante obter de um desses profissionais um compromisso prévio.

Se o seu médico não oferece nem vai oferecer assistência domiciliar, peça uma referência. O hospital, a associação das enfermeiras e a associação médica são locais em que é possível encontrar nomes de médicos que façam consultas domiciliares.

Considerações especiais a respeito da pessoa à beira da morte

- Mantenha um gravador perto da cama para o paciente ouvir música, fitas de meditação ou fitas de auto-hipnose.

- Ponha uma corda com um sino na extremidade, ou algum outro artefato adequado de alarme, ao lado da cama para que o paciente possa pedir ajuda instantaneamente.

- Tenha sempre água e suco à disposição. Assegure-se de que estejam sempre frescos.

- Os banhos diários ajudam a prevenir assaduras.

- Se houver necessidade de comadres, são preferíveis as de plástico. Se usar as de metal, proporcione conforto ao paciente mantendo-as aquecidas.

- Vire o paciente com freqüência para evitar as assaduras, que costumam aparecer nas nádegas, nos joelhos e na base da coluna.

- Para evitar problemas intestinais, use chás de ervas laxantes. As lavagens intestinais são um último recurso contra a constipação.

- Uma cafeteira no quarto permite que o paciente tenha sempre ao seu alcance chá, café ou outra bebida quente.

- No caso de pacientes que têm dificuldades para engolir, dê-lhes alimentos líquidos com uma seringa ou em forma de picolé.

- Estenda cortinas escuras nas janelas do quarto para que o paciente durma durante o dia.

- Um banheiro conveniente e próximo é ideal para pacientes capazes de andar sozinhos.
- Mantenha a temperatura do quarto constante num nível que seja agradável para o paciente. Não pode haver golpes de ar.
- Se o paciente usa um andador, assegure-se de que os tapetes sejam antiderrapantes.
- Mantenha à disposição almofadas de aquecimento, bolsas de água quente, etc.
- Um tanque de oxigênio portátil é útil para pacientes com dificuldades respiratórias. Se necessário, o médico pode prescrevê-lo.
- A colocação de suportes laterais na cama evita que o paciente caia acidentalmente ao dormir.
- Considere a possibilidade de manter o paciente numa sala de estar ou em algum recanto, além do próprio quarto. Isso dá a ele mais acesso aos contatos sociais, podendo igualmente dar-lhe a oportunidade de um cenário mais estimulante. Para uma criança que está morrendo, colocar a cama na sala de estar pode reduzir a ansiedade. Assim, eles não precisam ter medo de estar sendo mandados para o quarto como uma forma de castigo.
- Mantenha um telefone sem fio perto da cama e faça que o paciente tenha fácil acesso a ele.
- Canetas e blocos de anotações também devem estar à disposição caso o paciente deseje anotar alguns pensamentos ou instruções para as pessoas que cuidam dele.
- Uma compressa quente na testa do paciente e um toque delicado, como segurar sua mão, ajudam a reduzir sua ansiedade.
- Mantenha várias plantas no cômodo. Do mesmo modo, deixe os animais de estimação por perto.
- Seja sempre sensível à condição em constante mudança do moribundo. Seja paciente e tolerante com seus desejos.
- Especialmente com pacientes que não queiram ou não possam ingerir muitos alimentos sólidos de uma vez, considere a possibilidade de oferecer-lhes docinhos, sorvetes, etc.
- São desejáveis todas as medidas de apoio capazes de aliviar a ansiedade ou os sentimentos de culpa do paciente (que pode sentir sua morte próxima como castigo).

Em suma, ponha-se na posição do paciente. Se você estivesse morrendo, o que tornaria sua situação menos desagradável? Seja criativo e sensível em suas ações.

A maneira ideal de preparar-se para a morte é praticar as técnicas de morte consciente ao longo da vida. No caso de entes queridos que não tenham esse treinamento, existem ainda várias coisas que você, na qualidade de pessoa que cuida deles, pode fazer para facilitar essa transição tranqüila.

Você pode falar com o paciente sobre a verdadeira natureza da morte e da consciência. Dê-lhe um exemplar deste livro ou leia para ele passagens selecionadas. Elimine a tendência de identificação com o corpo. Seja introspectivo. Procure dentro de si sua alma para obter respostas. Não se deixe levar pelas projeções dos cinco sentidos físicos.

Pratique as técnicas do capítulo 10 com o paciente e prossiga com elas depois de sua transição de acordo com as instruções.

Seja um doador e não um coletor. Leve uma vida simples, mas de boa qualidade.

Esteja voltado antes para Deus do que para o mundo. Pratique ações que ajudem os outros sem esperar algum lucro material como meta primordial. Reduza o seu apego aos objetos materiais. Esteja pronto para perdê-los quando chegar o momento. Ninguém pode lhe tirar sua alma.

Informe-se sobre a natureza e os mecanismos da consciência; a verdadeira natureza da morte e da humanidade; as leis do karma; a diferença entre morte consciente e morte inconsciente; e as ilusões do mundo físico.

Pratique a espiritualidade a todo momento, em todo tipo de circunstâncias, em cada pensamento, sentimento, palavra e ato. O texto a seguir constitui uma maravilhosa maneira de praticar a espiritualidade:

O código universal do amor

Pratique a benevolência
Pratique a delicadeza
Pratique a amizade
Pratique a compaixão
Pratique a serenidade, a paz
Pratique o cuidado de todos
Pratique a doação
Pratique o perdão
Pratique o amor universal
Pratique a reverência e o respeito
Pratique o altruísmo (não-egoísmo)
Pratique a humildade
Pratique o elogio, o ver o bem em todas as coisas

Pratique a não-condenação
Pratique a simplicidade, tenha um coração puro
Pratique a purificação
Pratique o amor ao inimigo, abençoando-o, rezando por ele e fazendo-lhe o bem
Pratique o auto-sacrifício
Pratique a entrega de si mesmo
Pratique o não-eu

Quando a morte chega

Se uma enfermeira ou um médico não estiverem presentes na casa na hora da morte, chame um deles imediatamente. A enfermeira pode confirmar a morte, mas o médico tem a obrigação legal de atestar o óbito. Chame um amigo ou membro da família sem pestanejar caso você esteja sozinho. Não espere para se arrumar ou se lavar; você precisa de companhia. Se se sentir mal, fale com alguém ao telefone até que chegue alguma pessoa. Quando a pessoa acaba de morrer e o corpo ainda está na casa, a maioria dos presentes tem a experiência de um pesado silêncio, imobilidade ou falta de alguma coisa.

Chame o médico no máximo até uma hora depois de a pessoa morrer. Se houver necessidade de comunicar a alguma autoridade, peça ao médico para fazê-lo. Se for fazer uma autópsia ou se o corpo ou os órgãos forem ser doados, ligue para a instituição competente, comunique-lhe o fato e providencie o transporte. Você pode esperar para chamar a casa funerária ou para remover o paciente da casa. Se tiver tomado providências para o funeral de antemão, notifique à casa quando deseja que o corpo seja transportado, ou então peça a um membro do clero ou a um amigo para fazer isso por você. Comece a ligar para a família e os amigos para contar-lhes que a pessoa morreu. Se não conhece planos para o funeral, tente pôr algum em prática por meio de um telefonema, que pode ser para a casa funerária ou para um amigo da família, já que você talvez não tenha disposição para dar pessoalmente todos os outros telefonemas.

Não desprezes as muitas pessoas que deram ajuda, pessoas que podem não ser parentes próximos ou nem mesmo parentes, mas que, ao longo dos últimos dias e semanas, ficaram íntimas do paciente. Cansadas e enlutadas, essas pessoas foram deixadas pelo único que compreendia seu envolvimento. Ressentimentos que podem surgir do fato de ser ignoradas pela família podem levar essas pessoas a ficar sem a atenção e a ligação emocional que merecem e sentem. Inclua-as no planejamento dos eventos memoriais ou do sepultamento. Estimule-as a se ajudar mutuamente e a se manter em contato.

PARTE III

Morte Consciente — Uma Nova Abordagem

> ...a consciência entre vidas
> é tão vital para a nossa
> evolução imortal quanto o sono
> para o nosso bem-estar físico

CAPÍTULO 18

Abordagens da Morte Consciente no Curso da História

Neste capítulo, você vai encontrar um panorama geral da história da morte consciente. Não se trata de um produto da Nova Era; a morte consciente existe desde o início da civilização.

Os termos que uso para descrever o meu trabalho com pacientes em sua preparação para uma transição tranqüila podem parecer-lhe estranhos. Expressões como "purificação", "contatos com a mente supraconsciente", "experiência fora do corpo consciente", "morte consciente" e "morte inconsciente" podem parecer peculiares à minha prática, mas o conceito de morte consciente existe há pelo menos seis mil anos.

Este capítulo faz um breve apanhado do uso da morte consciente e da referência a ela dos antigos egípcios ao mundo moderno, apresentando em seguida um detalhado relato de alguns dos mais relevantes exemplos de textos e teorias metafísicas antigas vinculados com essa disciplina tão incomum.

O próprio conceito de morte consciente soa à maioria dos ouvidos ocidentais como uma idéia tão estranha que as pessoas acham incrível ter ele sido apresentado a elas de muitas maneiras distintas ao longo de suas vidas.

Já mencionei as missas da Igreja Católica, especialmente as missas *Requiem* (leia mais sobre elas no capítulo 22).

Hollywood contribuiu indiretamente para uma forma disfarçada desse conceito em seus filmes de múmias. O termo "Escolas de Mistério" não era mencionado, mas por certo se ilustravam os princípios da morte consciente. Quando o sumo sacerdote de celulóide preparava as folhas de tasneira para a múmia (normalmente Boris Karloff), representava-se uma característica iniciática das Escolas de Mistério Egípcias (ver o capítulo 21). Sou o primeiro a reconhecer o fato de que havia considerável licença criativa nessas decisões.

As pessoas do mundo ocidental não têm uma boa relação com o termo Escolas de Mistério. Podemos ter lido breves descrições sobre esse ritual no curso de história, mas, a não ser que haja um interesse especial e muita leitura extracurricular a respeito, esse conceito cai em ouvidos surdos.

Tenho de admitir que desconhecia *O Livro Egípcio dos Mortos*[1] até me envolver com a metafísica. *O Livro Tibetano dos Mortos*[2] também leva as pessoas a quem o menciono a me fitar com o olhar vazio, mas há algumas que ouviram falar dele. Trato primeiro do texto tibetano, no capítulo 19, dada sua relativa familiaridade. Cronologicamente, *O Livro Egípcio dos Mortos* vem antes — mas, ao que parece, não no coração e na alma do homem ocidental.

Panorama histórico da morte consciente

O Livro Egípcio dos Mortos (capítulo 20) é o primeiro guia conhecido do pós-morte. Remontando a 1300 a.C., seu título egípcio original era *Saindo à Luz*. A característica predominante da entrada no estado entre vidas era uma luz ofuscante.

Os egípcios preparavam seus mortos para entrar na outra dimensão enterrando itens úteis, como armas, roupas e utensílios de cozinha a fim de satisfazer quaisquer apegos terrenos que a entidade desencarnada presa à terra pudesse ter.

Na Grande Pirâmide do Egito, há três câmaras. Muitos acham que essas câmaras representam as mentes consciente, subconsciente e supraconsciente. O sarcófago real ficava na Câmara do Rei, a sala mais alta (mente supraconsciente). Muitas pessoas deitaram-se nesse sarcófago e descreveram sua experiência como transcendente. Há registros de que essa forma de morte consciente era usada pelos egípcios antigos.

Servos dos lares da Suméria, sociedade que floresceu há 3.400 anos a.C. ao norte do golfo da Pérsia, eram mortos quando seu senhor morria a fim de poder conservar seu papel na encarnação seguinte.

A crença na reencarnação e na morte consciente é uma extensão e um ajuste à evolução darwiniana. Os antigos druidas de 2.500 anos atrás ensinavam que a morte consciente é o caminho da iluminação e que a alma só vai alcançar essa meta quando aprender essas técnicas e princípios.

---

1. Budge, 1895.
2. Evans-Wentz, 1960.

As Antigas Escolas de Mistério do Egito, da Pérsia, da China, da Grécia e de outros povos (ver o capítulo 21) tratavam de técnicas de morte consciente. A Europa conservou esses ensinamentos ao longo da Idade Média e da Renascença. Várias igrejas primitivas cristãs, notadamente a romana, a grega, a anglicana, a síria, a armênia, a copta e outras que datam dos dias da Reforma incorporaram sabiamente em seus rituais e observâncias muitos princípios dessa arte do morrer pré-cristã (ver o capítulo 22).

Essas igrejas, ao contrário da medicina moderna, continuam a manter esses esforços. A medicina não oferece orientação ao moribundo, mas sustenta mecanicamente a vida custe o que custar à alma. Os narcóticos dados aos pacientes e a projeção de temores de co-dependência não proporcionam evolução espiritual à alma em seu momento de maior definição, o da morte.

Ensinou-se à alma o vagar entre vidas, um tema persistente nas tradições religiosas do budismo chinês ao cristianismo esotérico. O filósofo grego Platão afirmou: "Ordena-se que toda alma fique vagando entre encarnações na região que medeia entre a Lua e a Terra..."[3]

O *Katha Upanixade*, da Índia, que remonta ao século VI a.C., adverte: "O Eu... não morre quando o corpo morre. Oculto no coração de todos os seres está o Atman, o Espírito, o Eu; menor do que o mais diminuto átomo, maior do que os mais amplos espaços."[4]

Outras características comuns desse estado entre vidas presentes em textos mitológicos e escriturais são a presença de uma luz branca, um sentido de intemporalidade e uma revisão panorâmica da vida recém-vivida, ao lado do julgamento da alma de modo geral acompanhada por três figuras sábias.

Isso não o recorda da experiência essencial descrita pela primeira vez pelo doutor Raymond Moody em seu livro clássico *Life After Life*?[5] Já discutimos essa experiência essencial no capítulo 2.

Os antigos, incluindo Pitágoras, Platão, Plotino, Krishna, Buda, os cristãos gnósticos, os druidas do mundo celta e os hierofantes das Antigas Escolas de Mistério do Egito, da Grécia, de Roma, da Pérsia e da China, todos sustentavam a doutrina da reencarnação e da morte consciente.

No Palazzo Ducale de Veneza, Itália, há quatro quadros do pintor holandês Hieronymus Bosch (1450-1516), conhecidos coletivamente como *Visões do Além*. A Figura 4 representa um dos painéis, tendo por título "Ascenso ao

---

3. *Eutífron*, em *A Guided Tour of Five Works of Plato*, Mountain View, Califórnia, Mayfield Pub., 1988.
4. Swami Premananda, *Katha Upanishad: Dialogue of Death and Vision of Immortality*, Washington, D.C., Self Realization Fellowship, 1943.
5. Moody, 1981.

Empíreo". O Empíreo era considerado na mitologia medieval o céu mais elevado. Trata-se de uma descrição de quinhentos anos de idade da experiência essencial de uma EQM.

Outros guias da morte consciente

Técnicas de morte consciente foram registradas no *De Arte Morendi*, e outros tratados medievais semelhantes sobre o ofício do morrer, no manual órfico chamado *A Descida ao Hades* e em outros guias para o uso dos mortos, no *Pretakhanda* do *Garuda Purana* hindu, no *De Coelo et de Inferno* de Swedenborg, no *De Inferno* de Ruscas e em várias outras obras escatológicas, antigas e modernas. O *Garuda Purana*, da Índia, aborda os ritos mediante os quais se tratava o morto, do momento da morte, das cerimônias funerárias, da construção, por meio do rito da *Pretashraddha*, de um novo corpo para o *Preta* ou morto no lugar do destruído pelo fogo, do Julgamento e dos vários estados pelos quais passa o morto até renascer de novo na Terra.

O Livro Tibetano dos Mortos

De acordo com W.Y. Evans-Wentz, "tanto os budistas como os hindus acreditam que o último pensamento que se tem no momento da morte determina o caráter da próxima encarnação".[6] Textos como o *Bardo Thödol* ou *O Livro Tibetano dos Mortos*, como é mais conhecido no Ocidente, visam dirigir os processos de pensamento do moribundo durante o período transicional vida-morte-renascimento. O texto vem servindo de guia tanto para os vivos como para os mortos desde o século VIII d.C.

O termo "bardo" é usado para descrever a lacuna ou intervalo entre o nascimento e a morte. O *Bardo Thödol* instrui a pessoa sobre como usar essas experiências para despertar para uma encarnação mais iluminada. Algumas dessas ocorrências do bardo são agradáveis, ao passo que outras são horripilantes. A pessoa que por elas passa (a alma recém-partida) desperta de um estado de "desfalecimento" ou transe e entra num bardo sucessivo até reencarnar.

As experiências horripilantes são claramente consideradas ilusões criadas pelas próprias projeções da pessoa que as experimenta. Por todo esse texto, é

---

6. Evans-Wentz, 1960.

Figura 4
Ascenso ao Empíreo, detalhe de *Visões do Além*
Quadro de Hieronymus Bosch, Palazzo Ducale, Veneza, Itália. Impresso com permissão de Alinari/Art Resource, Nova York.

destacada a vontade de manter a consciência no momento da morte a fim de facilitar a transição para uma nova vida.

O bardo é descrito da seguinte maneira: "... você não tem corpo físico de carne e osso, de maneira que quaisquer sons, cores e raios de luz que venham a ocorrer não podem feri-lo, não podendo você vir a morrer... Saiba que isso é o estado de bardo."

Uma descrição desse livro será dada no capítulo 19.

O Oriente encontra o Ocidente

A origem do conceito católico romano do purgatório é creditada com freqüência à descrição grega antiga de uma alma desencarnada entre encarnações. De acordo com Rudolf Steiner, fundador da antroposofia, o purgatório da Igreja Católica é uma descrição reconhecível, se bem que seriamente imprecisa, dos estágios iniciais do estado entre vidas em que a alma se liberta da carga de todos os desejos, apetites e paixões. Steiner, cujo conhecimento da existência desencarnada foi obtido por clarividência, tinha muito a dizer acerca do plano da consciência entre vidas, insistindo que "a vida entre a morte e o renascimento é... uma continuação da vida aqui". Segundo Steiner, a morte era apenas um meio de restauração e de rejuvenescimento. "A fim de manter a consciência e conservá-la ativa", escreveu ele, "estamos continuamente destruindo o nosso invólucro corporal." Ele dizia que a consciência entre vidas é tão vital para a nossa evolução imortal quanto o sono para o nosso bem-estar físico.

Outro interessante ponto de encontro entre as mentes oriental e ocidental no tocante ao morrer está no fato de os ritos finais católico e hindu envolverem a oração constante e a repetição de nomes sagrados. Há no entanto uma grande diferença entre a abordagem ocidental da morte e da imortalidade e sua contraparte oriental.

Ao que parece, o dualismo predomina no pensamento do Ocidente. Analisa-se uma experiência como sendo isto ou aquilo. Estabelecem-se diferenças e fazem-se contrastes. Assim, vida se opõe a morte. Enquanto a vida representa o "bem", a morte é o inimigo da vida, tendo portanto de ser o "mal".

Os orientais acentuam a integridade do todo em lugar das diferenças entre partes componentes. Para eles, a unidade é a essência do que pode dar a impressão de ser fenômenos contraditórios. Eles promovem a concepção segundo a qual esses aparentes contrastes são meros aspectos ilusórios de uma realidade indivisa.

>...quando uma alma morre
> no estado de meditação samadhi
> ... a libertação do
> ciclo kármico é assegurada

CAPÍTULO 19

O Livro Tibetano dos Mortos

O Livro Tibetano dos Mortos,[1] também conhecido como *Bardo Thödol*, é um guia escrito por monges e leigos devotos tibetanos que a eles se destina, estando voltado para incorporar uma vida de prática ao momento de transição a que damos o nome de morte. Ele pretende tornar familiar o desconhecido e reforçar técnicas de visualização que podem estar sendo praticadas há anos. É talvez o exemplo mais conhecido da literatura existente em quase toda cultura acerca da jornada por estados pós-morte.

Ao enfatizar o fato de a mente criar muitas ilusões acerca da morte, esse texto busca aliviar os sentimentos de separação que produzem medo. Sua meta é o abandono do falso e o treinamento da pessoa que vai fazer a transição para fundir-se com o seu Eu Superior.

O termo "bardo" refere-se às experiências intermediárias do período entre vidas e de renascimento. São descritos seis bardos. Esses livros representam apenas sete dos 17 capítulos da obra como um todo. Trata-se de relatos do âmbito da tradição budista Mahayana, especificamente do seu caminho tântrico místico do norte para a "iluminação instantânea". Esses livros descrevem os processos do morrer, do período entre vidas e do renascer, tal como os revelaram lamas iluminados.

O texto, escrito durante os séculos VIII e XI d.C., se compõe de três partes. A primeira, chamada *'Chi-kha'i bardo*, descreve o evento psíquico no

---

1. Evans-Wentz, 1960.

momento da morte. A segunda parte, ou *Chos-nyid bardo*, trata do estado onírico que sobrevém imediatamente após a morte e das chamadas "ilusões kármicas". A terceira parte, ou *Srid-pa'i bardo*, refere-se ao advir do instinto de nascimento e aos eventos pré-natais. O propósito da instrução é fixar a atenção do morto, em cada estágio sucessivo de delusão e de apego, na possibilidade sempre presente da libertação, bem como explicar-lhe a natureza de suas visões. O texto do *Bardo Thödol* é recitado pelo lama na presença do cadáver.

O primeiro bardo é o Bardo do Nascimento. O Bardo do Tempo de Vida é o próximo a ser descrito. Ele trata de todo o período de vida do plano físico. O terceiro bardo é o Bardo dos Momentos Antes da Morte.

O Bardo dos Momentos Depois da Morte constitui o quarto bardo. A partir desses dois últimos bardos, você pode perceber que o conceito de morte não tem base real para os tibetanos. Não há um bardo da morte, mas apenas momentos antes e depois do que chamamos de morte. Não se supõe que o corpo esteja vivo por si, mas que ele depende da "força vital". Essa força vital é retirada quando o corpo físico morre, e o inverso se aplica no curso do nascimento. É durante esse quarto bardo que a alma encontra a grande luz chamada Dharmata.

O quinto bardo é o Bardo do Tempo da Morte. Trata-se de um tempo de vagar e de aprender. A alma encontra nesse período muitas divindades pacíficas e iracundas. O Bardo do Momento Antes do Nascimento é o sexto e último bardo. Ele trata da escolha de um novo corpo e da reencarnação.

Esses livros foram preparados inicialmente para pessoas que tivessem praticado com proficiência a meditação ao longo da vida, pretendendo guiá-las na percepção de que tudo na vida e na morte é ilusório e dualista, tendo como alvo final permitir que essas pessoas passassem a ser Budas iluminados. No caso de alguém menos adepto, seu propósito era guiar o viajante pela morte e pelo renascimento com um fluxo de consciência ininterrupto (vínculo com o Eu Superior) que lhe permitisse lembrar-se conscientemente de suas vidas passadas e aprender lições em sua próxima vida. Esse processo de libertação recebe o nome de transferência.

Era levado a termo por meio de uma prática chamada *Phowa*, em que a força vital sai pelo topo da cabeça, prática usada em conjunção com a leitura de um livro dos mortos.

Acredita-se que, quando a pessoa morre no estado samadhi de meditação que praticou por toda a vida, a libertação de sua alma do ciclo kármico é assegurada. Os pensamentos que se tem na hora da morte são cruciais na determinação da qualidade da experiência do bardo.

No Ocidente, usa-se erroneamente o termo bardo como referência exclusiva ao período entre vidas – o "estado intermediário". A definição oriental implica alusão a quaisquer dos seis estados transicionais e ilusórios de consciência: o estado desperto, o sonho, a meditação profunda, o morrer, a vivência da realidade entre vidas e o renascimento. A iluminação, ou libertação, é possível a qualquer momento em todos esses bardos por meios semelhantes, o que inclui práticas descritas nos livros dos mortos, dado que em todos os bardos se faz presente a mesma qualidade transicional.

Os bardos *'Chi-kha'i* e *Chos-nyid* são essencialmente uma seqüência de "testes" da compreensão da natureza da realidade e da natureza do eu verdadeiro, para além do eu-ego que tem a pessoa, bem como de sua experiência com essa natureza no âmbito da meditação. Esses desafios proporcionam oportunidades de evolução da consciência da realidade e do eu.

Nos bardos em questão, a alma passa por uma série de testes que representam seu karma. Cada aspecto da mente é percebido como uma luz ou como um Buda que emite uma luz a partir do coração. Respondendo favoravelmente a essa luz nos oito primeiros dias de bardo, a alma tem uma boa chance de alcançar a libertação. Se reagir com medo ou se sentir atraída por um nível inferior de consciência, a alma vai então experimentar níveis de consciência inferiores e mais sombrios. Ela vai então buscar um nível que lhe seja agradável e renascerá nesse nível inferior trazendo muito karma a superar.

A pessoa pode manter-se mais ou menos consciente ao usar esse processo de morrer, a depender da sua prática em meditação ióguica. Diz-se que meditadores habilidosos passam por um "desmaio" — uma perda temporária de consciência — durante a segunda metade do surgimento da mente da realização próxima das trevas. Sua consciência se recupera com o surgimento da luz clara.

O Livro Tibetano dos Mortos ensina que cada uma das transições entre os bardos do despertar, da vivência da realidade e do renascimento, bem como de antes e de depois do bardo do dormir e do sonhar, constitui-se por uma dissolução para a frente, seguida de reagregação num corpo físico, sutil ou onírico. Assim sendo, cada bardo se separa dos outros por um desmaio. Essa crença é compatível com a ocorrência do vazio escuro nas EQMs e com a interpretação do vazio como a representação que faz a mente de uma transição entre estados de consciência.

No caso ideal, o guru ou lama que esteve acompanhando o progresso da alma do morto lê do *Livro Tibetano dos Mortos*. O viajante é recordado do seu treinamento e encorajado a fundir-se com a clara luz, visto ser ela seu verdadeiro eu — essa fusão vai criar Dharma-kaya, e a alma vai se libertar.

Infelizmente, a maioria dos viajantes fracassa nisso. O resultado é um esmaecimento da clara luz da pura consciência. Os testes prosseguem.

A alma em transição vai deparar, como parte desses testes, com vários Budas, pacíficos e iracundos. O Buda iracundo é o lado sombrio do Buda pacífico. Esses Budas iracundos aparecem na mesma ordem em que vêm suas contrapartes pacíficas. A pessoa é instruída a reconhecer também eles como aspectos de sua consciência, bem como a unir-se com eles. Quando se funde com um Buda iracundo, a pessoa obtém a Condição de Buda e passa o período remanescente entre vidas no reino pacífico e divino da mente que se associa à contraparte pacífica do Buda iracundo. Se fugir deles, a pessoa vai apenas cair em níveis cada vez mais profundos e terrificantes do estado intermediário.

No décimo terceiro e décimo quarto dias, a pessoa que não reconheceu os lados mais sombrios de si mesma representados pelos Budas iracundos percebe 58 outras divindades iracundas (incluindo oito Gaurima, oito Takenma, quatro porteiros e 28 Wang Chuk Ma). Se estes não forem reconhecidos, todas as divindades iracundas aparecem juntas como o Senhor da Morte. Este desmembra a pessoa, que, embora sinta grandes dores, não pode morrer. Isso simboliza a dificuldade de extinguir o eu-ego inferior quando a pessoa se apega à auto-imagem. Os tormentos infernais do estado Chos-nyid são descritos no texto a seguir:

> Então o Senhor da Morte porá ao redor do teu pescoço uma corda e puxar-te-á por ali; ele te cortará a cabeça, te arrancará o coração, te exporá os intestinos, arrancará teu cérebro, beberá teu sangue, comerá a tua carne e mastigará os teus ossos; mas tu não poderás morrer. Ainda quando for feito em pedaços, teu corpo vai reviver. Os repetidos golpes causarão intensa dor e tortura.[2]

No *Srid-pa'i bardo*, a pessoa descobre que tem um corpo semelhante em forma ao de sua vida precedente, mas dotado de poderes extraordinários. Todos os sentidos se acham aguçados. A pessoa pode ir instantaneamente para onde quer que deseje, passando por dentro de sólidos e parecendo mudar sua forma. Contudo, a pessoa não se dá conta de que está morta. Ela vê seu lar e seus parentes de luto e tenta entrar em contato com eles e convencê-los de que ainda está viva. Quando a comunicação é impossível e a pessoa se sente como um proscrito, vem-lhe a percepção, pela primeira vez, de sua condição de morto.

Mais tarde, a alma é julgada pelo Senhor da Morte e por dois "Gênios" (seres guardiães), que contam as boas e más ações da pessoa com pedregulhos brancos e pretos. Não é possível mentir sobre as suas ações porque o Senhor da Morte, que simboliza a culpa de cada pessoa, olha no Espelho do Karma, em que essas ações estão vividamente refletidas, o que simboliza a nossa me-

---

2. Evans-Wentz, 1960.

mória. Então, o Senhor da Morte volta a desmembrar a pessoa, que, embora padeça de intensa dor, não pode morrer. Essa situação representa a dificuldade que o ego de cada um tem de tratar com os lados sombrios de si mesmo.

Em seguida, a pessoa vê seu próprio funeral e a divisão do seu legado. A interferência nesses assuntos leva a pessoa a renascer no plano dos fantasmas infelizes. Em contrapartida, aqueles que acumularam um karma bom têm experiências deleitosas ao longo desse bardo. Por fim, à medida que se aproxima o renascimento, brilham a partir dos seis planos do sansara cores a eles associadas. A pessoa é atraída para a cor do plano em que vai renascer e experimenta a entrada numa paisagem a isso correspondente, como o são um palácio celestial, um belo jardim, um lugar dotado de beleza natural ou uma caverna. O corpo sutil da pessoa se desvanece, assumindo a cor desse plano de renascimento.

Quando a pessoa passa por níveis cada vez mais baixos dos bardos Chosnyid e Srid-pa'i, há uma mudança nos meios pelos quais se pode obter a libertação, a partir de experiências nesses níveis para níveis ou estados mentais mais agradáveis. O conhecimento do Eu e de meditação tem eficácia nos primeiros 13 dias do *Chos-nyid bardo*. A devoção, a fé e a oração são eficazes quando a alma enfrenta, no décimo quarto dia, o Senhor da Morte. Recordar-se da compaixão tem eficácia no *Srid-pa'i bardo*.

Nas fases finais desse último bardo, a pessoa entra num ventre e renasce. O processo inteiro, do início do primeiro parto ao fim do sexto, leva 49 dias. *O Livro Tibetano dos Mortos* ensina a alma em transição a enfrentar a morte com calma, com heroísmo e com a mente lúcida.

Análise

O *Bardo Thödol* tem uma importância que ultrapassa em muito a mera especulação religiosa sobre a morte e sobre um hipotético estado pós-morte. Trata-se de um guia para quem busca um caminho espiritual de libertação da alma. *O Livro Tibetano dos Mortos* foi concebido originalmente para ajudar também os vivos.

Esse texto simplesmente não causa nenhuma reação em ocidentais que não se identificam com o mecanismo nem se relacionam com as construções teológicas. Minhas próprias pesquisas revelam que os americanos que ao menos reconhecem o nome do livro não têm, por infelicidade, a mínima idéia do seu propósito.

Originalmente, o *Bardo Thödol* vivia escondido para fins de ulterior preservação, provavelmente devido à perseguição aos budistas por Langdarma durante o começo do século IX d.C. Muitas dessas escrituras enterradas foram descobertas durante os séculos seguintes e chamadas de Termas, palavra derivada do vocábulo tibetano *gter*, que significa "tesouro". As pessoas que descobriram esses tesouros espirituais e lhes propagaram os ensinamentos receberam o nome de *Tertons*, advindo da expressão tibetana *gter-bston*, que significa "revelador do tesouro".

Alguns críticos ocidentais afirmam que esses Tertons foram responsáveis pela composição das escrituras. Esses céticos acusam o *Bardo Thödol* de ter sido forjado por pessoas que desejavam transmitir suas próprias idéias sob a capa de antigas revelações. Nada poderia estar mais longe da verdade.

Para um tibetano, acrescentar ou omitir mesmo uma única letra das Sagradas Escrituras é pecado mortal. Além disso, a tarefa de forjar exigiria um conhecimento técnico e crítico de história e de lingüística que não apenas era inexistente no Tibete, mas que teria exigido para a sua execução uma mente privilegiada. Se tivesse existido no Tibete um gênio como esse, não lhe teria sido necessário recorrer ao subterfúgio alegado, pois ele seria uma autoridade por direito próprio, como o foram muitos gênios acadêmicos que escreveram e ensinaram em seu próprio nome. Para tornar a acusação ainda mais absurda, essas escrituras consistiam em 108 volumes.

O morto ou a pessoa à morte são o destinatário do *Bardo Thödol* por três razões: (1) o iniciado precisa ser lembrado de sua preparação espiritual para a morte, especialmente se estiver carente de atenção nesse momento crítico; (2) a pessoa à morte precisa ser cercada de pensamentos que a auxiliem durante os estágios iniciais do bardo, sem que se permita que os apegos emocionais lhe deprimam o espírito; e (3) o viajante deve tratar cada momento de sua vida como se fosse o último. Logo, uma das funções do bardo é assistir os entes queridos vivos de modo a que eles também não se desviem de sua própria trilha kármica.

Não existe no Ocidente nada que se compare ao *Bardo Thödol*, exceto no tocante a certos escritos secretos inacessíveis ao público mais amplo e ao pesquisador comum. A Igreja Católica é a única estrutura em que se apresentam procedimentos a ser usados para as almas dos que partem. No interior do campo protestante, com seu otimismo de afirmação do mundo, há uns poucos "círculos de resgate" de cunho mediúnico cuja principal preocupação consiste em fazer com que os mortos percebam que *estão* mortos.

Afora as missas celebradas na Igreja Católica para a alma, os rituais voltados para os mortos são rudimentares e se acham no nível mais baixo, não porque não nos possamos convencer da imortalidade da alma, mas porque racionalizamos, a ponto de extinguir, a necessidade psicológica dos vivos de fazer algo pelos mortos. Como não podemos acreditar numa vida depois da morte, preferimos não fazer nada com relação a ela. As pessoas de mente mais simplória seguem seus próprios sentimentos e, como ocorre na Itália, constroem para si monumentos funerários de repulsiva beleza. As missas católicas pelas almas, como se voltam expressamente para o bem-estar psíquico do morto, não são uma mera gratificação de sentimentos lacrimosos.

Dar ao homem o controle do seu próprio destino é o alvo último do *Bardo Thödol*. Por meio disso, o discípulo iniciado obtém o domínio sobre o reino da morte e, estando capacitado a perceber a natureza ilusória desta última, liberta-se do medo. Esse caráter ilusório da morte vem da identificação da pessoa com sua forma temporal, transitória, seja ela entendida em termos físicos, emocionais ou mentais, daí advindo a noção errônea de que há um estado do ego pessoal e separado de cada pessoa, bem como o medo de perdê-lo.

Se, contudo, o viajante tiver se identificado com o Absoluto, o Dharma, os temores da morte desaparecerão. Ele percebe que tudo aquilo a que está exposto não passa de reflexo do seu próprio conteúdo mental consciente e subconsciente; e nenhuma ilusão criada pela mente pode então ter força sobre ele caso ele conheça a sua origem e seja capaz de reconhecê-la. É esse o ensinamento do *Bardo Thödol*.

Esse texto na verdade revela a vida secreta sob a capa de uma ciência da morte — que é de longe o seu maior valor em termos espirituais. Temos de aplaudir os esforços do Lama Kazi Dawa-Samdup e do dr. Evans-Wentz como os primeiros tradutores do *Bardo Thödol*. Eles encararam seu trabalho como uma verdadeira forma de dedicação e de compromisso.

Eles perceberam que sua obra não podia ser considerada final, mas apenas um ponto de partida para traduções melhores. Tratava-se inquestionavelmente de uma verdade sagrada, transmitida ao longo de mil anos, que devia ser tratada, mesmo em seu mais ínfimo detalhe, com o maior respeito. Os ocidentais podem vincular isso com a história do Antigo e do Novo Testamentos e sua preservação no curso dos séculos.

O mundo tem verdadeiramente um débito de gratidão para com esses dois eruditos. O Lama Kazi Dawa-Samdup era o intérprete principal da comitiva de Sua Excelência Lonchen Satra, o Plenipotenciário tibetano junto ao governo da Índia. Ele foi também integrante do corpo político de Sua Santidade o Dalai Lama na visita que este último fez à Índia. Quando de sua morte, o Lama Kazi Dawa-Samdup era conferencista de tibetano da Universidade de Calcutá.

> Aqueles que foram derrubados
> se erguem a fim de contemplar-te,
> eles respiram o ar
> ...:seus corações estão em paz

CAPÍTULO 20

O Livro Egípcio dos Mortos

O título antigo de *O Livro dos Mortos*[1] era *Capítulos para Sair de Dia*. Esse texto foi o resultado de uma fé e de uma prática ritual longas e tediosas que tiveram início por volta de 1580 a.C. Ele foi precedido pelos *Textos das Pirâmides* e pelos *Textos do Túmulo*, que sem dúvida lhe serviram de fonte.

O propósito do livro era ajudar o morto a voltar à vida e a alcançar a realização no outro mundo. Isso envolvia muitas idéias estranhas e complexas acerca do destino e da natureza humana.

O pensamento egípcio passou a ser conhecido no Ocidente por meio dos *Textos das Pirâmides*, hieróglifos inscritos nas paredes de certas pirâmides de Sakkara, o sítio funerário da antiga cidade de Mênfis. Esses textos, que datam de 2350 a 2175 a.C., contêm material de períodos anteriores.

Foram os sacerdotes de Heliópolis que organizaram essas inscrições para o deus-Sol, Ámon-Rá (ou Rá). O propósito dos sacerdotes era oferecer aos reis enterrados nessas pirâmides os meios mágicos de garantir a ressurreição dentre os mortos e a ascensão ao céu, onde se uniriam ao deus-Sol em sua jornada sem fim pelo céu, de dia, e pelo mundo inferior, à noite. Imaginava-se que o deus-Sol fizesse essa viagem de barco, e, na mente egípcia, a bênção eterna era concebida como estar para sempre na companhia de Rá enquanto este fazia seu incessante circuito do universo.

---

1. Budge, 1895.

Considerava-se Rá o criador do universo e Heliópolis, o lugar em que o universo começou. Os *Textos das Pirâmides* incluem rituais de embalsamamento e ritos funerários, fórmulas mágicas, mitos, hinos, orações e encantamentos. Os sacerdotes associavam o destino eterno do faraó ao de Rá. Além disso, reconheciam o deus Osíris, um bom rei do passado que se elevara dentre os mortos depois de ter sido assassinado. Desse modo, ao fazer a identificação do faraó com Osíris, assegurava-se o retorno à vida do rei morto.

Em *O Livro dos Mortos* (xvii-109 ss), vemos que a Alma de Rá e a Alma de Osíris formam juntas a dupla alma divina que habitava o TCHAFI, cuja sede era Tettu. A existência de uma Alma do Mundo pressupunha a existência de um Corpo do Mundo, que é o universo material; e a encarnação deste era, segundo os sacerdotes de Heliópolis, o corpo de Osíris. Supunha-se que homens e deuses contivessem as mesmas partes componentes. O homem tinha um corpo físico (*khat*), uma alma (*ba*), um coração (*ab*), um duplo (*ka*), uma inteligência (*khu*), uma força (*sekhem*), uma sombra (*khaibit*), um corpo espiritual (*sah*) e um nome (*ren*); e os deuses possuíam contrapartes divinas de todas essas partes componentes.

Osíris é um deus e juiz dos mortos, bem como o símbolo da ressurreição. *O Livro dos Mortos* o considera o maior deus, o árbitro do destino futuro. Como ser mortal, ele foi assassinado e desmembrado. Mais tarde, seus membros foram reconstituídos e sua imortalidade garantida. É notável o fato de o seu corpo nunca ter decaído.

O corpo de Osíris foi embalsamado por Horo, Anúbis e Ísis, que executaram com o maior cuidado e exatidão as prescrições fornecidas por Tot, e realizaram seu trabalho com tamanha perfeição que o corpo material que Osíris possuía na Terra lhe serviu de corpo num mundo além do túmulo, se bem que somente depois de ter passado por alguma mudança misteriosa, causada pelas palavras de força que esses deuses disseram e pelas cerimônias que celebraram. Uma tradição muito antiga declara que o próprio deus Tot representou o papel de sacerdote para Osíris, e embora acreditassem ser as palavras de Tot que trouxeram o deus morto de volta à vida, os egípcios nunca conseguiram libertar-se por inteiro da idéia de que a série de cerimônias mágicas que realizavam em conexão com o embalsamamento e o enterro dos mortos produzia resultados deveras benéficos para seus amigos mortos.

Declara-se que as composições que formam os capítulos de *O Livro dos Mortos* foram escritas por Tot, supondo-se serem elas idênticas às que esse deus pronunciou em favor de Osíris. Os egípcios acreditavam que o Osíris ressuscitado podia dar vida depois da morte a qualquer um, visto ter ele mesmo alcançado esse estado. Osíris podia dar vida eterna às almas dos homens em seus corpos transformados porque ele se tornara incorruptível e imortal. Além disso, ele mesmo era "Eternidade e Infinidade", sendo ele que "fazia

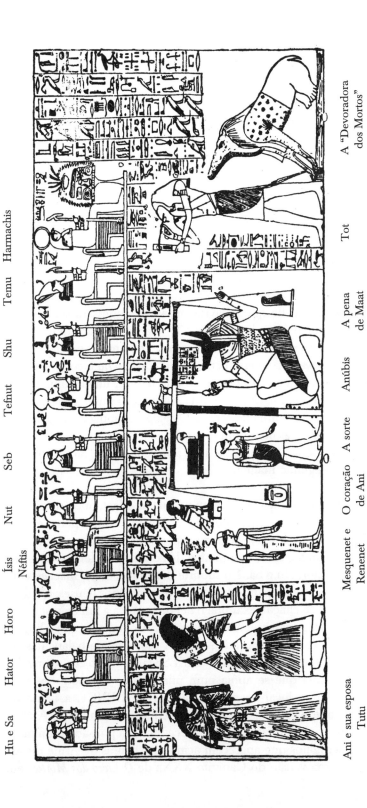

**Figura 5
O Julgamento**
(extraído de *The Egyptian Book of the Dead*,
E.A. Wallis Budge, Barnes & Noble, Inc.)

homens e mulheres nascer de novo". O novo nascimento era o nascimento na nova vida do mundo que está além do túmulo e que é sempiterno. Osíris podia dar vida por ser ele vida, podia fazer o homem elevar-se dentre os mortos por ser ele a ressurreição; mas o sacerdote ensinava em todos os períodos da história egípcia ser necessário agir no sentido de obter o favor do deus por meio de palavras e cerimônias mágicas e religiosas. Desde o início, havia a crença na imortalidade de Osíris, e a existência do morto depois da morte achava-se vinculada com a do deus.

A famosa "Cena do Julgamento" de *O Livro dos Mortos* está no Papiro de Ani, hoje conservado pelo British Museum. Essa prancha apresenta Osíris em seu papel de juiz dos mortos. Os egípcios antigos acreditavam que as almas dos mortos eram julgadas por Osíris. Eles representavam esse julgamento pictorialmente como um par de pratos de balança que pesam o coração, de que, declaravam eles, emanavam todos os pensamentos e ações. Havia muita lógica em seu pensamento de que palavras ou ações pudessem ser pesadas por uma balança material. A palavra "MAAT" era usada para descrever a justiça, a verdade, a lei e a retidão. Eles pesavam com esse emblema de MAAT (a pena) o coração. Pesava-se com essa pena quer o coração ou o corpo inteiro.

O julgamento de cada pessoa ocorria, ao que parece, imediatamente depois da morte, sendo a aniquilação ou a vida e a bênção infinitas decretadas de uma vez por todas para a alma do morto. Os egípcios antigos não acreditavam numa ressurreição geral nem num castigo prolongado.

A Cena do Julgamento (ver página 169) apresentada no Papiro de Ani pode ser descrita da seguinte maneira:

O escriba Ani e sua esposa Tutu entram na sala de Maat, onde o coração, que simboliza a consciência, será pesado na balança com a pena, emblema da justiça e da verdade. No registro superior estão os deuses que vão julgar e que formam a grande companhia dos deuses de Heliópolis, a que se acrescentam Hator, Hu e Sa. No suporte dos pratos está o macaco com cabeça de cachorro, o companheiro de Tot, o escriba dos deuses; e o deus Anúbis, de cabeça de chacal, examina o fiel da balança a fim de assegurar-se de que a haste está exatamente na posição horizontal e de que a lingüeta da balança está em seu lugar adequado. À esquerda da balança estão: SHAI, o deus da sorte, ou o destino; o MESKHEN, o objeto retangular com cabeça humana que se apóia num pilar, e que de modo geral se supõe estar ligado ao local de nascimento; MESQUENET, a deusa da câmara funerária; e RENENET, a deusa da educação dos filhos. A alma de Ani tem a forma de um falcão com cabeça humana pousado num pilar. As linhas de hieróglifos que aparecem acima das figuras de Ani e de sua esposa contêm uma versão do Capítulo XXXB de *O Livro dos Mortos*, em que o morto se dirige ao próprio coração e reza para que os chefes soberanos não se oponham ao seu julgamento e que ele e o coração não sejam separados na presença do que guarda a balança. Os chefes soberanos [ou "cabeças"] aqui referidos são Questa, Hapi, Tuamutef e Quebsenuf, os filhos de Horo. Depois da pesagem do coração, Tot, satisfeito com o resultado, dirige-se aos deuses, dizendo:

"Pesou-se o coração de Osíris Ani, e sua alma lhe serviu de testemunha; o julgamento da Grande Balança o houve por verdadeiro. Não se encontrou nele maldade alguma; ele não desperdiçou oferendas nos templos, nenhum mal causou com os seus atos; e não transmitiu notícias más enquanto andou sobre a terra."

Em resposta a essas palavras, os deuses ratificam a sentença de Tot e declaram ser ele santo e íntegro e que não pecou contra eles; assim sendo, o monstro AMAM, ou a "Devoradora dos Mortos", que vemos de pé ao lado de Tot, não prevalecerá contra ele. Os deuses decretam ainda que ele terá uma propriedade agrícola perpétua em Sequet-hetepu, e que lhe serão concedidas oferendas, além de lhe ser concedido o poder de entrar à presença de Osíris a seu bel-prazer.

Em sua fala, o filho de Ísis (Horo) diz: "Vim a ti, ó Un-nefer, e trouxe à tua presença Osíris Ani. Seu coração é íntegro e ele saiu inocente da balança; ele não pecou contra nenhum deus ou deusa. Tot o pesou de acordo com o decreto pronunciado para ele pela companhia dos deuses; e o achou verdadeiro e íntegro. Concede que bolos e cerveja lhe sejam dados e deixa-o entrar à presença de Osíris e ser como os seguidores de Horo por todo o sempre."

O escriba Ani faz então sua oração a Osíris nos seguintes termos: "Eis que estou em tua presença, ó senhor de Amentet. Não há pecado no meu corpo. Eu não disse cientemente o que não é verdade, nem fiz coisa alguma com o coração falso. Concede que eu seja como os beneficiários que estão em teu séquito, e um Osíris muito favorecido do formoso deus, e amado do senhor do mundo, [eu] que sou na verdade um escriba real que te ama, Ani MAA KHERU [vitorioso] diante do deus Osíris." [2]

A resposta de Osíris não está registrada, mas supõe-se que o pedido de Ani lhe tenha sido concedido e que Ani tenha podido passar pelas várias regiões do domínio de Osíris, bem como ter vida e felicidade eternas.

Na descrição da Cena do Julgamento dada acima, faz-se referência à Devoradora [ou Comedora] dos Mortos, devendo-se observar que se supunha que ela devorasse imediatamente a alma de todos os que eram condenados na

---

2. Budge, 1895.

Sala do Julgamento de Osíris e que, de um dado ponto de vista, o castigo dos amaldiçoados consistia na aniquilação. Diante de um homem MAA KHERU, todas as portas do Mundo Inferior se abriam, e toda força hostil, animada ou inanimada, era levada a afastar-se do seu caminho.

Em *O Livro dos Mortos* (a Rubrica ao capítulo CLXII), há uma fala dirigida ao deus Ámon-Rá com o propósito de reter calor no corpo do morto. Põe-se um amuleto sob a cabeça do morto e se afirma o seguinte: "Ó Ámon, ó Ámon, que estás no céu, volta o teu rosto para o corpo morto de teu filho e torna-o são e forte no Mundo Inferior."[3]

A terceira passagem do Capítulo CLXV é uma petição dirigida a Ámon-Rá pelo morto na qual se enumeram os nomes mágicos do deus. A vinheta do capítulo contém a figura de um deus itifálico de corpo de besouro que traz na cabeça as plumas características de Ámon e cujo braço direito está erguido como o de Amsu, ou Min, o deus dos poderes reprodutivos da natureza. Diz ela:

Salve, ó BEQUENU, Bekhenu! Salve, Príncipe, Príncipe! Salve, Ámon; Salve, Ámon! Salve, PAR, Salve, IUKASA! Salve, Deus, Príncipe dos deuses das partes orientais do céu, ÁMON-NATHEQUERETHI-ÁMON... Salve, Ámon, deixa-me suplicar-te, porque conheço o teu nome e [a menção de] tuas transformações estão em minha boca, e a tua pele está diante dos meus olhos. Vem, peço-te, e coloca teu herdeiro e tua imagem, eu mesmo, no perpétuo mundo inferior. Concede que todos os meus membros repousem em Neter-quert (o mundo inferior) ou (como dizem outros) em Aquertet (o mundo inferior); deixa que todo o meu corpo se torne como o de um deus.[4]

Na Recensão Saíta de *O Livro dos Mortos* é registrada a seguinte oração:

Ó Ámon, ó Ámon, ó Deus, ó Deus, adoro teu nome, concede-me compreender-te; concede-me ter paz em Tuat (o mundo inferior) e possuir todos os meus membros ali. E a Alma divina que é o Nut disse: "Farei minha força divina proteger-te e farei tudo o que disseste". Ordenava-se que esse interessante texto fosse recitado sobre uma figura do "deus da mão erguida", isto é, de Ámon em sua caracterização de deus da geração e da reprodução, pintado de azul, devendo o conhecimento do texto ser ocultado ao deus SUKATI no Tuat; se as indicações dadas na rubrica

---

3. Budge, 1895.
4. Ibid.

fossem executadas da maneira adequada, esta permitiria ao morto beber água no mundo inferior da parte mais profunda e pura do curso d'água celestial, e ele se tornaria "como as estrelas do céu acima".[5]

Do Papiro de Ani (folha 2), vemos o seguinte hino a Osíris:

GLÓRIA A TI, OSÍRIS UN-NEFER, o grande deus que habita Abtu (Abidos), rei da eternidade, senhor da eternidade, que viveu milhões de anos em sua existência. És o filho mais velho do ventre de Nut e foste engendrado por Seb, o Ancestral (*erpat*); és o senhor das coroas do Norte e do Sul, senhor da altiva coroa branca e, como príncipe dos deuses e dos homens, recebeste o bastão e o chicote, e a dignidade dos teus divinos pais. Deixa teu coração, ó Osíris, que está na Montanha de Amentet, pois teu filho Horo se instalou no teu trono. Foste coroado senhor de Tatu (Mendes) e regente em Abtu (Abidos). Por meio de ti cresceu o mundo verde em triunfo diante da força de Neb-er-tcher. Ele conduz em seu séquito aquilo que é e o que ainda não é, com o nome de Ta-her-sta-nef; ele reboca seu barco ao longo da terra junto a Maat, com o nome de "Sequer"; é prodigiosamente poderoso e terribilíssimo com o nome de "Osíris"; perdura por todo o sempre com o nome de "Un-nefer".

Homenagem a ti, ó Rei dos reis, Senhor dos senhores, Regente de príncipes, que do ventre de Nut regeu o mundo e o Mundo Inferior (Aquert). Teus membros são [como] o brilhante e reluzente cobre, tua cabeça é azul [como] lápis-lazúli, e o verde da turquesa está em teus flancos, ó deus An de milhões de anos, cuja forma e cujo belo semblante a tudo penetram em Ta-tchesert (isto é, o Mundo Inferior).[6]

No Papiro de Ani (folha 19), encontramos:

LOUVADO SEJAS TU, OSÍRIS, senhor da eternidade, UN-NEFER-HERU-CUTI [Harmachis], cujas formas são diversas e cujos atributos são majestosos, PTAH-SEQUER-TEM em Anu (Heliópolis), senhor da Casa Escondida e criador de Het-Ca-Ptá (Mênfis) e dos deuses [que lá estão], guia do Mundo Inferior, a quem [os deuses] glorificam quando te pões no céu noturno de Nut. Ísis te abraça em paz e afugenta os demônios da boca dos teus caminhos. Voltas o rosto para Amentet e fazes brilhar a terra como se fosse de cobre polido. Aqueles que foram derrubados (isto é, os mortos) se

---

5. Budge, 1895.
6. Ibid.

erguem a fim de contemplar-te, eles respiram o ar e olham para o teu rosto quando o disco se ergue no horizonte, seus corações estão em paz enquanto te contemplam, ó tu que és Eternidade e Perpetuidade.[7]

Uma composição dirigida a Osíris é apresentada ainda na Recensão Saíta, no capítulo CXXVIII de *O Livro dos Mortos*:

HOMENAGEM A TI, Ó OSÍRIS UN-NEFER, cuja palavra é maat, filho de Nut, filho primogênito de Seb, poderoso que sais de Nut, rei da cidade de Nifu-ur, Governador de Amentet, senhor de Abtu, senhor das almas, poderoso senhor da força, senhor da coroa Atef [em] Suten-henen, senhor da tumba, poderoso senhor das almas de Tatu, senhor das oferendas [sepulcrais]. O deus Horo exalta seu pai em todo lugar, e se une à deusa Ísis e a sua irmã Néftis; e o deus Tot recita para ele as possantes glorificações que estão dentro dele, e que lhe saem da boca, e o coração de Horo é mais forte do que o de todos os deuses. Levanta-te, pois, Horo, filho de Ísis, e vinga teu pai Osíris. Salve, Osíris, vim a ti; sou Horo e te vinguei e neste dia me alimento com as refeições sepulcrais de bois e de aves de pena, e com todas as coisas formosas oferecidas a Osíris. Levanta-te, pois, ó Osíris, porque lancei à terra, por ti, todos os teus inimigos, e por ti deles me vinguei. Sou Horo neste belo dia do teu formoso levantar em tua Alma, que te exalta consigo neste dia diante dos teus divinos príncipes soberanos. Salve, Osíris, teu duplo (ka) veio a ti e em ti descansa, e tu nele descansas em teu nome de Ca-Hetep. Ele te faz glorioso em teu nome de Khu [Alma Imortal] e te faz como a Estrela da Manhã em teu nome de Pehu, abrindo para ti os caminhos em teu nome de Ap-uat. Salve, ó Osíris, eu vim a ti, e coloquei teus inimigos sob teus pés em todo lugar, e tua palavra é Maat [triunfas] na presença dos deuses e dos divinos chefes soberanos. Salve, ó Osíris, recebeste teu cetro e o lugar onde deves descansar e teus pés estão debaixo de ti. Trazes comida para os deuses e refeições sepulcrais para os que habitam em seus túmulos. Deste tua força aos deuses e criaste o Grande Deus; tens tua existência com eles em seus corpos espirituais, reúnes tuas forças para todos os deuses, e ouves a palavra de Maat [justiça e verdade] no dia em que são ordenadas oferendas a este deus nos festivais de Uca.[8]

No capítulo CLXXXIII [CLXXXXII na Recensão Tebana] de *O Livro dos Mortos*, faz-se outra homenagem a Osíris:

---

7. Budge, 1895.
8. Ibid.

HOMENAGEM A TI, Ó GOVERNADOR DOS QUE ESTÃO EM AMENTI, que fazes renascer os mortais, que renovas tua mocidade, que vens, ó tu que moras em tua época, e que és mais belo do que ..., teu filho Horo te vingou; o posto e dignidade de Tem lhe foram conferidos, ó Unnefer. Ressuscitas, ó Touro de Amentet, consolidas-te no corpo de Nut, que se une contigo e que sai contigo. Teu coração está consolidado em própria base, e teu peito está como outrora; teu nariz está firmemente fixado com força e poder, tu vives e estás renovado e tu te fazes jovem como Rá todos os dias. Poderoso, poderoso é Osíris na vitória, e está firmemente consolidado com vida.[9]

---
9. Budge, 1895.

> Nada a temer em Deus;
> Nada a sentir na Morte;
> Deus pode ser alcançado;
> O mal pode ser suportado

CAPÍTULO 21

As Escolas de Mistério Gregas

A era helenista teve início na região do Mediterrâneo com as conquistas de Alexandre da Macedônia. Os territórios anexados da Grécia, da Síria, da Ásia Menor, do Egito, da Pérsia, da Mesopotâmia e de regiões da Índia integraram-se uns com os outros no curso dos séculos que sucederam a morte de Alexandre, o Grande.

Uma língua comum, um vasto comércio mundial, colônias gregas em toda a "terra habitável", com eruditos, músicos, artistas, filósofos e poetas viajando por toda parte — eis importantes fatores determinantes do desenvolvimento de uma civilização mais ou menos uniforme que abarcou toda a bacia mediterrânea e o Oriente Próximo, e cujos extensos postos avançados chegaram a abranger uma área que ia do estreito de Gibraltar ao rio Indo, e das florestas da Alemanha e das estepes da Rússia ao deserto do Sahara e ao oceano Índico.

A teologia mais influente foi a da antiga religião grega, suas divindades, crenças e concepções. Era rara a vez em que um culto antigo desaparecia. Em vez disso, os velhos cultos sobreviviam, sendo alguns extremamente primitivos e outros mais avançados. Nas fronteiras da civilização, como entre os celtas, os germânicos e os cítios, ritos completamente bárbaros ainda resistiam, incluindo (como entre os druidas) o sacrifício humano.

Ao mesmo tempo, houve um genuíno avanço das idéias religiosas no período, avanço que recebeu uma considerável influência da filosofia e em que os cultos superiores influenciaram os inferiores (os cultos gregos, por exemplo, influenciaram os bárbaros). Porém, de modo especial esse avanço sem dúvida resultou daquela misteriosa fonte interior de mudança e de desenvolvimento que afeta todas as civilizações, artes, religiões e a cultura humana em geral. Em alguns casos, a mudança foi benéfica e noutros não; vemos exemplos nos quais as modificações fortaleceram e purificaram um culto e outros em que a religião veio a se constituir num ônus imposto à sociedade.

O culto anatólio da Mãe-Deusa Cibele, originário de Pessino, na Frígia, foi identificado com outros cultos da Mãe-Deusa — por exemplo, o de Ma na Capadócia. Associava-se com o culto de Cibele o de Átis (ou Adônis), jovem consorte da Mãe-Deusa. Outros cultos, relacionados ou não com aquele, também associados originalmente com a vegetação e com o ciclo das estações, foram os de Tamuz (ou Adônis: da palavra semita *Adon*, Senhor), Atagarte (ou Derceto, a Deusa Síria), Baal (ou Bel: Mestre, Proprietário) e muitos outros. Porém a mais importante divindade oriental veio de um lugar ainda mais para o Leste — da Pérsia, através da Babilônia e, originalmente, da Índia Védica —, o deus-sol Mitra. O mitraísmo disseminou-se aos poucos por toda a Ásia Menor, atingindo finalmente Roma, de onde passou, em larga medida, por intermédio dos exércitos romanos, às províncias do Norte e do Oeste. O culto de Mitra floresceu durante os séculos III e IV — período em que a Igreja Cristã primitiva era seu principal concorrente.

Essas Escolas de Mistério estabeleceram o precedente de muitos dos conceitos que viriam a reencarnar em diferentes teologias ao longo da história e até os nossos dias. O descenso ou queda e ascenso da alma; a reencarnação; a concepção cíclica da história e a expectativa de uma grande renovação do mundo, senão de uma era futura; o conceito de um homem divino; a tradição da sabedoria secreta e sagrada vinda do passado venerável, tal como transmitida por Hermes a Tat (ou Tot) e por este aos seguidores do hermetismo; a cosmogonia gnóstica, com uma vasta hierarquia de eras se estendendo regressivamente da essência primordial ao nível mais baixo de matéria grosseira; a doutrina do destino e de sua superação, não só por meio da magia ou da teurgia como também por meio da devoção ascética e do auto-sacrifício, da pureza do amor, do conhecimento, da renúncia, da amizade com os iluminados, por meio do amor ao homem — e aqui nos aproximamos do círculo cristão de idéias. Não causa surpresa o fato de o judaísmo (em Filo, por exemplo) sentir-se à vontade em tal mundo — ou ao menos em parte dele —, tendo vindo a ser considerado como uma religião filosoficamente sofisticada, bem como o fato de o cristianismo, um pouco mais tarde, ter encontrado, à sua disposição, uma linguagem para a expressão dos seus mais elevados conceitos e corações prontos para a proclamação do seu evangelho. Foi aumentando a cada dia, ao longo do período helenista tardio (em especial depois de 250 a.C.) e em parte da era helenista-romana, uma disseminada sede de conhecimento da divindade mediante uma revelação clara e incontestável; um grande desejo de participação e de partilhamento na vida divina, de modo quer sacramental quer místico; de liberdade da servidão às forças cósmicas malévolas que mantinham a humanidade submetida; de purificação da falta de integridade e da culpa, antiqüíssimas e entranhadas no cerne da natureza humana; e de garantia de um futuro abençoado no mundo por vir ou em algum plano que se achasse além deste nosso atual plano eivado de malefícios.

Os conceitos gregos de morte e de pós-vida estão representados no livro de Demócrito, *Dos que se acham no Hades*, no de Stobeu, *Sibilas e videntes*, no Livro XI de *A Odisséia*, de Homero, que descreve a descida de Ulisses ao Hades, bem como em "Visão do outro mundo", no Livro VI da *Eneida*, de Virgílio.

Platão descreve no *Eutífron*, uma consolação dirigida a Apolônio, 41.109:

> Conta-se a história do italiano [isto é, grego do sul da Itália] Eutífron, filho de um certo Elísio, homem de Terina, destacado entre os cidadãos em virtude, riqueza e reputação. Eutífron morreu de modo bem repentino de causa desconhecida. Diante disso, ocorreu a Elísio, como ocorreria a todos quantos se achassem nas mesmas circunstâncias, que talvez o filho tivesse sido envenenado; porque Eutífron era seu filho único, herdeiro de suas vastas propriedades e riquezas. Não sabendo bem como pôr à prova a questão, ele visitou um oráculo de almas [*psychomanteion*, lugar em que se conjuram mortos]. Tendo antes de tudo oferecido um sacrifício, segundo a regra, Elísio deitou-se para dormir e teve a seguinte visão: pensou que seu pai viera ao seu encontro; Elísio contou-lhe a desdita que se abatera sobre o filho e então rezou e suplicou-lhe que o ajudasse a descobrir o que causara a morte dele. "É justo com esse propósito", replicou o espectro, "que vim, mas receba das mãos do meu companheiro o que ele lhe der; por esse meio você vai saber toda a verdade sobre o evento que ora o faz sofrer." A pessoa para a qual apontou era um jovem que o seguia, jovem sobremodo semelhante a Eutífron, parecendo ter a mesma idade e estatura. "Quem é você?" — interrogou-o Elísio. E o jovem replicou: "Sou o espírito guardião do seu filho", ao tempo em que lhe passava um pequeno rolo. Ao desenrolá-lo, Elísio viu escritas três linhas: "De uma verdade vagam a mente dos homens na ignorância; Eutífron teve morte natural, de acordo com o destino. Porque não era bom que vivesse, nem para si nem para seus pais." [1]

A Escola de Mistérios Eleusinos tem como centro a mãe (Deméter) e a filha (Kore [ou Perséfone]). Plutão, o deus do mundo inferior, seqüestra Kore, deixando Deméter imersa em grande sofrimento pela perda. As tábuas a seguir, que estão no templo de Cnido, refletem essa história:

---

1. *Plato*, 1988.

Entrego a Deméter e a Kore aquele que disse de mim que eu preparava um veneno mortal para o meu marido. Por [ordem de] Deméter, possa ele ser vendido [ou queimado] com tudo o que possui, confessando tudo, e que ele encontre Deméter e Kore dispostas bem pouco favoravelmente [a ele], bem como os deuses que estão com Deméter. Mas que a pureza e a liberdade permaneçam comigo, em vez de ter eu de viver com ele sob o mesmo teto ou ter com ele quaisquer relações. E, da mesma maneira, amaldiçôo aquele que escreveu contra mim ou que fez que se escrevesse. Que ele depare com Deméter e Kore e com os deuses que estão com Deméter dispostos bem pouco favoravelmente, mas que ele e tudo o que possui sejam queimados por [ordem de] Deméter.

Entrego a Deméter e a Kore e aos deuses que estão com Deméter aquele que puser as mãos em mim, me golpear e me imobilizar, bem como os que me incitarem. Que eles não escapem, mas permite-me ficar puro...
Que ele seja entregue a Ártemis, a Deméter, a Kore [e] a todos os deuses que estão com Deméter — quem quer que não me devolva as cobertas, as roupas e [outras] vestes que eu deixei para trás quando eu as pedir. Que seja levado à presença de Deméter, e se alguém mais tiver algo que me pertença, que seja queimado [pela febre? Ou talvez "vendido", isto é, feito escravo], confessando-o. Quanto a mim — que eu seja puro e livre, e beba e coma [com outras pessoas], habitando com elas sob o mesmo teto. Fui tratado injustamente, Senhora Deméter![2]

Eram comuns as curas no grande santuário de Asclépio. Esperava-se que novos métodos de cura resultassem em curas maravilhosas. Esperava-se que os grandes médicos, tal como os deuses, ressuscitassem os mortos. Plínio censura os novos métodos de Asclépio (*Apleius* [*c.* 40 a.C.] *Florida* 19) e a ressurreição dos mortos por ele efetuada.[3] Atribuía-se ao imperador Vespasiano milagres de cura, até mesmo com o "toque do rei". O filósofo popular ascético e liturgista Apolônio de Tiana não apenas descreveu exorcismos e exemplos de cura de cegos, de aleijados e de enfermos entre os indianos, como teve atribuída a si a realização de milagres semelhantes, e mesmo a ressurreição dos mortos. Mesmo o cético Luciano falava de recuperações inacreditáveis, como a do vinhateiro Midas, que fora mordido por uma serpente quando trabalhava na vinha e foi trazido de volta à vida por um "babilônio, um dos chamados caldeus", que extraiu o veneno recorrendo a um encantamento e ao uso de uma pedra, retirada do túmulo de uma moça, que fixou ao pé de Midas.

---

2. Plato, 1988.
3. W.C.K. Guthrie, *Orpheus and Greek Religion*, Princeton, Princeton University Press, 1993.

Orfismo

O orfismo é o primeiro movimento religioso do mundo grego a ter um fundador pessoal (Orfeu) e a ter suas doutrinas registradas por escrito. Suas origens remontam ao século VI ou VII a.C., mas o movimento teve uma ampla retomada e exerceu crescente influência nos períodos helênico e helênico-romano. Seus ritos e mitos receberam então interpretações que lhes atribuíram novos sentidos e até mesmo mais profundos.

Há no orfismo dois componentes distintos. O primeiro é um corpo de poesia tradicional, composto possivelmente já no século VII a.C., atribuído a um cantor místico chamado Orfeu. Esse conjunto contém um relato da criação do mundo e do pós-vida da alma, do seu julgamento e punição por pecados cometidos na Terra, bem como sua eventual reencarnação em outro corpo vivo. O segundo é um modo de vida adotado pelos que aceitavam a verdade desses escritos, sendo esta merecedora do mesmo respeito a que faziam jus as revelações dos "mistérios" gregos tradicionais de Elêusis e de outras localidades.

A poesia órfica representa um compêndio de relatos de teogenia, cosmogenia e da natureza e do destino da alma. Orfeu surgiu na arte e na literatura gregas como um cantor famoso durante o século VI a.C. A tradição segundo a qual Orfeu cantava enquanto Museu escrevia as canções do mestre pode refletir o momento da transição da literatura oral para a escrita — que provavelmente ocorreu na segunda metade do século VII a.C., que pode ter sido o momento em que foram compostas essas canções.

Os poetas da Grécia antiga consideram Orfeu um cantor dotado de capacidades sobrenaturais. De acordo com um poeta alexandrino, com as suas canções sobre a criação do mundo e as dinastias dos deuses Orfeu fazia cessar as divergências entre as pessoas. Eurípedes referiu-se à ligação especial de Orfeu com o mundo inferior. Um baixo-relevo napolitano, executado no final do século V a.C., descreve a tentativa de Orfeu para trazer a esposa Eurídice de entre os mortos. Pouco antes, nesse mesmo século, Polignoto confeccionara seu famoso quadro do mundo inferior no qual é retratado Orfeu, de lira na mão, em meio a um grupo de lendários musicistas.

A figura de Orfeu refletia a filosofia da Grécia antiga. Essa teogonia é um relato da criação e uma descrição do destino da alma no mundo inferior.

Supunha-se que a iniciação nos mistérios propiciasse uma revelação da verdade capaz de permitir aos homens alcançar o outro mundo num estado de total inocência. As placas douradas a seguir foram encontradas em Petelia e Turi, na Itália, em mausoléus datados do século IV ou III a.C.:

Placas de Petelia (32a)
Na casa de Hades, do lado esquerdo, encontrarás uma fonte
E, alguns passos além dela, um único cipreste branco.
Mas cuida de não te aproximares da fonte;
Em vez disso, encontrarás outras águas refrescantes – jorrando.
Do lago de Mnemósine – mas aqui há os que espreitam.
Dize-lhes: "Sou filho da Terra e do Céu estrelado,
[Descendo do céu]; tomai conhecimento disso.
Morro de sede, acho-me prestes a falecer; dai-me, pois, imediatamente
 de beber
Da refrescante fonte que sai aos jorros do lago de Mnemósine
 [Memória]."
Com satisfação dar-lhes-ão eles de beber da fonte Divina,
E a partir de então com outros heróis reinarás.

Placa de Turi (32c)
Puro chego aqui, vindo do puro, ó divina senhora do Hades.
Eucles, Eubúleo, e outros deuses imortais.
Porque me considero a mim mesmo um rebento do teu abençoado
 caule.
Mas a Moira me compeliu, e os outros deuses imorredouros,
...e ele lançou, violento, o raio e o trovão.
Por boa sorte escapei ao círculo do pesado cuidado,
E à coroa do anseio cheguei com pés ligeiros.
Oculto-me no colo da Senhora que rege o Hades.
Sim, com pés ligeiros atingi a coroa do desejo.
Feliz és tu, e abençoado, e não mais serás um homem, mas um deus.
Qual um infante, mergulhei no leite![4]

Hinos órficos

Os hinos apresentados a seguir, dirigidos a vários deuses, são atribuídos a Orfeu:

XVIII. A Plutão.
Ó, tu que habitas na casa sob a terra, tu,
 poderoso de alma

---
4. W.C.K. Guthrie, *Orpheus and Greek Religion*, Princeton, Princeton University Press, 1993.

Em meio aos campos profundamente sombrios, nunca iluminados, do
   Tártaro,
Tu, Zeus portador do cetro do mundo inferior,
Tu que portas as chaves de todo o mundo,
Tu que derramas toda opulência sobre as gerações de homens, ano após
   ano
Tu que sozinho dominas uma terça parte do mundo –
D[o] mundo, habitáculo dos imortais, sólido fundamento sobre que vive
   a humanidade
Assentaste teu trono no tenebroso reino inferior,
No distante Hades, mortificante, imensurável, que a tudo abarca,
   açoitado por tempestuosas ventanias,
Onde o escuro Aqueronte flui ao redor das profundas raízes da terra;
Tu que reges os mortais pelo poder da morte, e a todos recebes;
Grande Deus, Sábio Conselheiro [Eubúleo];
Tu que um dia desposaste a filha da santa Deméter,
Furtando-a às agradáveis campinas
E levando-a, mar adentro, em sua veloz carruagem
Até a caverna na Ática, no vale de Elêusis,
Em que estão os portões do Hades.
Apenas tu és regente de todas as coisas visíveis e invisíveis,
Inspirado Deus, regente de Tudo [Pantocrator], sacratíssimo, alvo de tão
   excelsos louvores
Que tanto te rejubilas com o valoroso ministro e suas sagradas
   ministrações.
Invoco-te e a ti imploro,
Vem graciosamente, e mostra-te propício aos teus iniciados!

XXIX. A Perséfone
Ó Perséfone, filha do grande Zeus,
Vem, deusa unigênita, e recebe a oferenda que te é piamente dedicada
   – A ti, honrada noiva de Plutão,
A delicada [kednē], a doadora de vida;
Tu que reges os portões do Hades de entre as fissuras da terra,
Executora de castigos, a de belas madeixas, puro Rebento de Zeus;
Mãe das Eumênides, Rainha do mundo inferior,
A quem Zeus por uma união secreta gerou como sua Filha;
Mãe do ruidoso, multiforme Eubúleo,
Líder da dança das Horas, portadora da Luz, a de bela forma;
A exaltada, que a tudo rege, pródiga em frutos,
A de claro brilho, a que traz chifres, a única desejada por todos os
   mortais;

A portadora da primavera, quando te comprazes com as campinas de
   doce aroma,
Quando deixas ver tua forma celestial
No crescimento do campo, verde e profícuo em frutos,
E te vês liberta para obter opulentas colheitas;
Tu que és a um só tempo morte e vida para os mortais,
   tão atormentados,
Persefoneal [justamente nomeada]
Porque sempre dás à luz [phereis] todas as coisas,
E tudo fazes perecer [phoneuseis]! Ouve, ó bendita deusa!
Deixa que brotem os frutos da terra
E concede-nos a paz, uma boa saúde e uma vida próspera;
E por fim, depois de uma velhice com vigor,
Conduze-nos ao teu reino, ó Rainha,
E à presença de Plutão, o Senhor de todos.[5]

A *Carmina Latina Epigraphica Nº 111*, de F. Bucheler, apresenta um exame que tem por objeto os iniciados:

Mas isso nada é. Tu, ó pio ministro,
Te escondes no cerne do tão secreto santuário interior
Do teu coração puro, o que sabem os santos iniciados
Honrando a multiforme majestade de Deus.
Tomas teu cônjuge como parceiro de tuas orações
A cada sacrifício; ela partilha verdadeiramente
Contigo todos os mistérios do céu e da Terra.
Devo lembrar tuas honras, ou teu poder,
Ou os deleitosos prazeres que todos os homens anseiam por obter?
Tudo isso foi sempre fugidio aos teus olhos;
A sagrada faixa sacerdotal foi a tua coroa.
Amado, em virtude do ensinamento tu
Me libertaste do pesado fardo da morte!
Pois puro e casto era eu quando tu
Ao templo me conduziste, e aos deuses
Me consagraste seu servo, guiando-me,
Plena iniciada no rito sagrado,
Como sacerdotisa da Mãe dos Deuses
E de Átis; e me honraste como esposa

---

5. W. C. K., *Orpheus and Greek Religion*, Princeton, Princeton University Press, 1993.

Pelo sacramento rubro, o sangue do touro,
E me ensinaste o três vezes profundo mistério
De Hécate; sim, e me fez digna até de
Partilhar os benditos ritos antigos de Deméter.[6]

Diógenes: um testamento filosófico

A inscrição abaixo, encontrada num pórtico à beira da estrada de Enoanda, na Lícia, é o legado filosófico de um epicurista de nome Diógenes, que viveu *c.* 200 d.C. Num mundo de superstição, no qual o pós-vida de modo geral era concebido com maus augúrios, o seguinte breve resumo dos ensinamentos filosóficos, com seu relato das concepções de várias escolas, deve ter devolvido a paz de espírito a muitos viajantes aflitos:

> Tendo chegado com os nossos anos ao ocaso da vida, tendo como expectativa partir a qualquer momento do nosso mundo com uma alegre canção e o coração repleto de felicidade, decidimos, a fim de evitar uma partida demasiado precoce, oferecer alguma ajuda aos que têm reta disposição.
> Porque se mesmo uma só pessoa, ou talvez três, quatro, cinco ou seis, ou qualquer número maior que preferires – mas não todos – estivesse com problemas, ó companheiro mortal, e eu fosse chamado a ajudá-las uma após a outra, eu faria tudo o que estivesse ao meu alcance para lhes dar um bom conselho. Porém agora, como eu disse, a maioria da humanidade se acha em toda parte acometida por uma pestilência que advém de suas falsas crenças acerca das coisas. E o número de enfermos cresce a passos largos; porque as pessoas se imitam umas às outras, contraindo a moléstia uma das outras qual numa epidemia que se abata sobre um rebanho de carneiros. Além disso, é de justiça ajudar os que vêm recorrer a nós, porque eles são nossos [filhos], ainda que não de nascimento. E, por fim, o amor à humanidade nos compromete a prestar auxílio aos estranhos que passam.
> Como, portanto, a ajuda dada por escrito [ou a partir dos escritos de Epicuro] é mais certa, decidi usar esta parede [literalmente, *stoa*] a fim de prescrever o remédio necessário à cura [da humanidade].

A carta de Epicuro a Menoceu, § 33 ss., afirma:

---

6. W.C.K. Guthrie, *Orpheus and Greek Religion*, Princeton, Princeton University Press, 1993.

Nada a temer em Deus;
Nada a sentir na morte;
Deus pode ser alcançado;
O mal pode ser suportado

Salústio — dos deuses e do universo

Salústio foi um filósofo grego que segundo dizem viveu no século IV. Ele é mais conhecido pelo seu tratado *Dos deuses e do universo*, escrito como uma introdução aos estudos religiosos. Em sua obra, Salústio resume as concepções doutrinais do grupo de pagãos educados, de mentalidade religiosa, que ainda mantinham a esperança, no final do século IV d.C., de ver restaurada a antiga religião:

§20 A Transmigração das Almas
Se a transmigração das almas ocorre numa criatura racional, a alma passa a ser precisamente a alma desse corpo; se ocorre numa criatura irracional, a alma a acompanha de fora, tal como nos acompanham os nossos espíritos guardiãos; porque uma alma racional nunca pode tornar-se a alma de uma criatura irracional. A realidade da transmigração pode ser vista a partir da existência de queixas congênitas (do contrário, por que alguns nascem cegos, com paralisia ou de alma doentia?) e do fato de que as almas naturalmente qualificadas para agir num corpo não devem, uma vez que o tenham deixado, permanecer inativas ao longo do tempo. Na verdade, se não retornam ao corpo, ou as almas devem ser em número ilimitado ou Deus tem de estar continuamente criando outras. Mas não há no universo nenhuma coisa ilimitada, visto que naquilo que é organizado em termos de limites não pode haver nenhuma coisa ilimitada. Nem é possível que outras almas venham a surgir, porque tudo aquilo em que se produz algo novo tem de ser imperfeito, e o universo, como advém daquilo que é perfeito, tem de ser perfeito.

§21 A Recompensa da Virtude Aqui e no Além
Almas que viveram de acordo com a virtude têm por auge da felicidade o ser livres do elemento irracional e purificadas de todo corpo; elas se acham em união com os deuses e com eles partilham o governo de todo o universo. Não obstante, ainda que não conseguissem nenhuma dessas coisas, a virtude em si e o prazer e a honra da virtude, bem como a vida livre da dor e de todos os outros tiranos, seriam suficientes para tornar felizes as almas que preferiram viver de acordo com a virtude e se tenham mostrado aptas.[7]

---

7. Salústio, *Sallustius*, tradução de John C. Rolfe, Heinemann, 1931.

> É por meio do nosso amor
> pela alma que
> podemos melhor ajudar
> a sua jornada para o céu

CAPÍTULO 22

As Missas Cristãs

Os cristãos primitivos basearam muitas de suas idéias acerca do que fazer com seus mortos nos rituais dos hebreus, tal como foram ampliados pelos ensinamentos de Cristo. Acreditava-se que a morte não resultava numa separação absoluta entre os que partiam e os vivos. A alma não é destruída pela morte; ela ressuscita num corpo glorificado. Jesus ensinou que toda alma humana é tanto espiritual como imortal.

Para os cristãos primitivos, a morte era um nascimento na eternidade. Não era um momento para demonstrar impotência e pesar. A morte era uma forma de sono; a palavra "cemitério" significa "lugar de dormir". Os costumes funerários eram bem simples, e essas obrigações eram incluídas entre os sete Trabalhos Corporais de Misericórdia que todos os cristãos eram estimulados a realizar.

Os requisitos dos funerais foram estabelecidos no primeiro código canônico. Punha-se uma cruz no peito [do morto], dobrando-se as mãos em cruz se não se dispusesse desse objeto. Colocavam-se luzes ao redor do corpo e espargiam-se nele a intervalos água benta e incenso. Não era necessário um caixão, mas o corpo tinha de ser sepultado em terreno consagrado.

A família se responsabilizava pelos mortos. Ela podia tocar neles porque o corpo era sagrado. Isso significava uma enorme ruptura do costume hebraico de não tocar em corpos mortos. Como se julgava que a alma deixava o corpo pelos pés, estes eram esticados. Dava-se *viaticum* (comunhão) aos moribundos, a fim de fortalecê-los para a jornada rumo ao céu. Essa palavra de origem romana significava literalmente uma doação em dinheiro ou provisões a ser transportadas.

Outros rituais incluíam a lavagem do corpo e a sua unção com especiarias, o fechamento dos olhos e da boca, bem como o envolver o cadáver num lençol de linho. Colocava-se então o corpo numa carruagem a fim de ser visto pelos amigos e parentes no mínimo oito horas antes do sepultamento.

Os velórios tinham por origem antigas práticas judaicas que representavam o temor de enterrar pessoas vivas. Essa "sentinela" ou "velório" dos mortos ocorria por três dias, a fim de evitar o sepultamento prematuro, o que aparentemente não era incomum no passado. Os cristãos primitivos rezavam pelos mortos e cantavam salmos ao anoitecer. Os velórios eram comuns em inúmeras culturas.

Deviam-se celebrar Missas Réquiem e distribuir a Santa Comunhão à tarde. O cântico de salmos e hinos e a recitação de orações, assim como a leitura da escritura caracterizavam os velórios à tarde. Nas procissões funerárias cristãs primitivas, prevalecia uma atmosfera reverente e grave.

A música, as festas e as manifestações ruidosas eram proibidas nesse momento. Os homens jovens levavam o cadáver ao mausoléu como um ato de caridade e nunca cobravam por isso. O tema era o triunfo sobre a morte, mas numa atmosfera marcada pela gravidade. Preconizavam-se memoriais especiais pelos mortos no terceiro, no sétimo ou nono, e no trigésimo e quadragésimo dias, bem como no aniversário da morte, feitos com Missas Réquiem.

Cristo dissera que podemos viver eternamente. Ele morreu pelos pecados da humanidade, e, por meio de sua morte e ressurreição, o mundo tinha sido redimido. É interessante observar que esse conceito de ressurreição surgiu pela primeira vez em *O Livro Egípcio dos Mortos*[1] (veja o capítulo 20), tendo por referência o deus Osíris.

Encorajavam-se os cristãos a confortar os enfermos e moribundos, bem como a consolar os enlutados. Seria um pecado maior sepultar o morto duas vezes, no túmulo e em nossos corações, caso se ignorasse esse preceito. A alma tinha de ser mantida ativa mediante a concentração em suas virtudes e a sua orientação para a recompensa eterna. É por meio do nosso amor pela alma que podemos melhor ajudar a sua jornada para o céu.

A súplica paulina por Onesíforo é a referência específica à oração de um apóstolo pelos mortos. Em 2 Timóteo 1:18, lemos: "Que o Senhor lhe conceda encontrar misericórdia do Senhor nesse dia."

---

1. Budge, 1895.

Cumpre distinguir a filosofia cristã de rezar *pelos* mortos da prática pagã de orar para os mortos.[2] Só os mártires e apóstolos entravam no céu logo depois da morte. Para as outras pessoas, o Juízo implicava uma estada no purgatório até a remissão de todos os pecados. As orações pelos mortos facilitavam a ascensão ao céu.

A Eucaristia é uma das mais antigas práticas cristãs, representando uma comemoração pela alma que partiu:

> Lembrai-vos, Senhor, dos que faleceram e se foram das nossas vistas marcados pelo signo da fé, especialmente daqueles pelos quais agora oramos, [...] e [...]. Possam eles, e todos os que dormem em Cristo, encontrar em vossa presença luz, felicidade e paz (Oração Eucarística I).
>
> Lembrai-vos dos nossos irmãos e irmãs que foram descansar na esperança da ressurreição; levai-os, e a todos os que partiram, à luz ou à vossa presença (Oração Eucarística II).
>
> Recebei no vosso reino nossos irmãos e irmãs que partiram, e todos os que deixaram este mundo em vossa amizade (Oração Eucarística III).
>
> Lembrai-vos dos que morreram na paz de Cristo e de todos os mortos cuja fé só vós conheceis (Oração Eucarística IV).[3]

Em Mateus 23:34, vemos ser o propósito da Eucaristia facilitar a jornada da alma rumo ao reino do céu. Aristides de Atenas, no ano 140 d.C., advertia: "Se um dos fiéis morre, obtende a salvação dele celebrando a Eucaristia e orando perto dos seus restos."[4]

Edmund Fortman afirma, em seu livro *The Triune God: A Historical Study of the Doctrine of Trinity* [O Deus Triuno: Estudo Histórico da Doutrina da Trindade]: "A Igreja primitiva não tinha muito claro onde estes [os mortos] estavam nem como a oração os ajudaria, mas sabia definitivamente que a oração e a Missa podiam beneficiar esses fiéis cristãos."[5]

A Igreja atribuiu ao Arcanjo Miguel o papel de protetor dos cristãos contra o demônio. Isso se evidencia em especial no momento da morte, quando

---

2. Jacques Le Goff, *The Birth of Purgatory*, trad. de Arthur Goldhammer, Chicago, The University of Chicago Press, 1984, p. 45.
3. Aristides L. J. Doyle e W. A. Jurgens (trad.), *Theological Dimensions of the Liturgy*, Collegeville, Mineápolis, The Liturgical Press, 1976, p. 337.
4. Leonard J. Doyle e W. A. Jurgens, trad. Citado em Cyprian Vagaggini, *Theological Dimensions of the Liturgy*, Collegeville, Mineápolis, The Liturgical Press, 1976, p. 337.
5. Filadélfia, Westminster Publishing, 1972.

ele assiste a alma em sua jornada para o céu. Foi no curso dos séculos XII e XIII que o Juízo Final dominou o pensamento cristão. Miguel é representado muitas vezes pesando as almas dos mortos numa balança de pratos. Miguel passou a ser considerado o santo padroeiro dos mortos. Isso lembra a Cena do Julgamento de *O Livro Egípcio dos Mortos*, no Papiro de Ani[6] (ver o capítulo 20).

O Concílio de Florença (1439) e o Concílio de Trento (1563) representam excelentes fontes de orações pelos mortos. No Concílio de Florença, afirmou-se:

> Mas se morrerem [depois da Penitência] verdadeiramente arrependidos na caridade antes de ser recompensados por valiosos frutos correspondentes ao que fizeram ou deixaram de fazer, sua alma será purgada depois da morte... pelos castigos da purgação e da purificação. A intercessão dos fiéis vivos é eficaz na atenuação dessa punição, mediante o sacrifício da Missa, a oração, a caridade e outras obras piedosas que os fiéis estão acostumados a praticar.[7]

Em Trento, o valor da oração pelos mortos foi ainda mais reforçado.

> Há um Purgatório, e as almas ali detidas são ajudadas pelos sufrágios dos fiéis e, em especial, pelo sacrifício aceitável do altar.[8]

O mais recente Concílio da Igreja Católica, denominado Vaticano II, foi realizado de 1962 a 1965 em Roma. Durante o encontro, reafirmou-se a prática da oração pelos mortos.

São Odilo, Abade de Clúnia em 998, iniciou o que hoje recebe o nome de Dia de Finados. O dia 2 de novembro foi designado como "o dia de todos os que partiram". Liam-se as vésperas no dia 1º de novembro e tocava-se o sino das almas. Em seguida, recitava-se o Ofício dos Mortos, sendo o dia seguinte caracterizado por missas celebradas pelas almas do purgatório por todos os sacerdotes dos mosteiros.

A seguir, apresentam-se exemplos de orações pelos mortos:

Pelos mortos

Jesus, salvador e Amante das almas, em memória de Tua Própria morte agonizante na cruz, tem misericórdia de todos os mortos. A todo instante,

---

6. Budge, 1895.
7. Doyle, 1976.
8. Ibid.

doce Jesus, algumas pobres almas tremem no limiar da eternidade, prestes a ser levadas ao teu terrível juízo. Tem piedade de todas elas, com a mais terna misericórdia, nesta hora de sua maior necessidade.

Lembra-te, querido Jesus, do tenebroso preço que pagaste por sua redenção. Recorda-te da angústia de Tua agonia no Jardim, do suor de sangue com que cobriste o solo, do sofrimento que causou o teres sido traído, a insolência e a crueldade de Tuas execuções, a tortura do escárnio a que Te viste exposto, a aflição e a dor do Teu Caminho da Cruz! Oh, por essas santas lembranças, ajuda a alma dos mortos.

Lembra-te, bondoso e misericordioso Jesus, da angústia de Tua crucificação, do amargor do Teu abandono, de Tua sede e sofrimentos, bem como de Tua morte agônica, e ajuda e cura as almas dos que partem. Dá-lhes força, querido Senhor, na última hora. Concede-lhes amor e recordação. Sustem-nos com Tuas santas graças; livra-os dos ataques dos inimigos. Pedimos-Te isso com a intercessão da Virgem Santíssima, Tua Mãe, e de todos os Teus anjos e santos. Amém.[9]

— Rev. Edward Garesche, S.J.

Para uma morte feliz e um final feliz

Divino Jesus, poderoso Salvador, Vencedor da morte e do pecado, aproxima-se celeremente o momento em que um de nós será convocado a passar pelas escuras portas da morte para chegar ao Teu reino de eternidade. Que as orações do Teu Sagrado Coração, do Imaculado Coração de Tua Virgem Mãe e de todos os anjos do céu e justos na Terra, associadas com a potente eficácia de todas as Santas Missas, elevem-se para sempre em súplica para que tenhamos uma morte santa e feliz. Amém.

Recorda-nos com freqüência, querido Senhor, de orar pelos mortos e pela nossa própria morte feliz. Aceita todos os nossos pensamentos, palavras e atos, em união com o Teu Sagrado Coração e com o Imaculado Coração de Tua santa Mãe, em súplica por essa magnífica bênção. Que a nossa morte e a de todos aqueles a que estamos ligados ou pelos quais desejamos especialmente orar seja serena e tranqüila, cercada por todos os santos anjos, protegida pelos nossos santos padroeiros. Que o nosso coração esteja, nesse momento supremo, pleno do Teu puro amor, e que as nossas almas se achem libertas de toda mácula. Faze então a nossa fé perfeita e inabalável, a nossa esperança, mais luminosa e forte e o nosso amor puro e vigoroso, quando formos ao teu encontro, dos nossos Salvadores e do

---

9. Rev. Edward F. Garesche, *Moments with God*, Bruce Publishing Co., Milwaukee, 1942.

nosso Juiz. Multiplica, grande Senhor, nesse tremendo momento, Tuas graças eficazes. Assim oramos a Ti, doce Jesus, e te agradecemos por todos os séculos eternos, onde vives e reinas, com o Pai e o Espírito Santo, um Deus Eterno, paz e júbilo de todos os benditos, mundo infinito. Amém.[10]

— Rev. Edward Garesche, S.J.

Por todos os falecidos

Pela Tua ressurreição dos mortos, ó Cristo, a morte já não tem domínio sobre os que morrem em santidade. Assim, nós te suplicamos, dá descanso aos Teus servos em teu santuário e no coração de Abraão. Concede-o aos que, de Adão aos nossos dias, Te têm adorado com pureza, aos nossos pais e irmãos, aos nossos próximos e amigos, a todos os homens que viveram na fé e entraram por sua estrada à Tua presença, de mil maneiras e em todas as condições, e torna-os dignos do reino dos céus.[11]

Oração à trindade pela perseverança final

Pai, Filho e Espírito Santo, Trindade Eterna, suplico-Vos pela vida, paixão e morte de Jesus Cristo, e pelos méritos da Virgem Bendita e de todos os anjos e santos, concedei-me a graça da perseverança final, de uma morte feliz e de uma eternidade abençoada. Que os últimos momentos da minha vida, Deus meu, sejam os melhores e mais santos. Proporcionai-me um tempo de arrependimento e de reconciliação, a graça de ser fortalecido em minha morte por Teus sagrados sacramentos, proteção que me impeça de cair em tentação em minha hora final, e a graça de amar-Vos e servir-Vos até o fim da minha vida. Desejo que esta oração seja uma constante intenção de todos os meus pensamentos, palavras e atos, de todas as Missas e Comunhões, de todos os méritos a que eu possa fazer jus aos Vossos olhos, por todos os dias da minha vida. Divino Pai, Vós me criastes; tende piedade de mim no momento da morte. Divino Filho, Vós me redimistes; tende piedade de mim em minha última hora. Espírito Santo, Vós me santificastes; mantende-me santo na hora final. E vós, minha bendita Mãe, e todos vós santos e anjos de Deus, confio em vós todos para que me ajudeis em minha última hora, e para que me protegeis, com suas orações, na passagem pelas trevas da morte, até a luz e a glória do vosso lar eterno. Amém.[12]

— Rev. Edward Garesche, S.J.

---

10. Rev. Edward F. Garesche, *Moments with God*, Bruce Publishing Co., Milwaukee, 1942.
11. Ibid.
12. Ibid.

Para uma morte feliz

Ó, meu querido Senhor Jesus Cristo, suplico-Te com toda humildade pelos amargos sofrimentos por que passaste por nós em Tua cruel paixão, particularmente no exato momento em que Tua divina Alma deixou Teu bendito Corpo, que tenhas piedade das nossas almas em sua última agonia e passagem para a Eternidade. E Tu, ó compassiva Virgem Mãe, lembra-te de que ficaste de pé, inundada pela tristeza, ao lado do teu Filho que morria na Cruz, por teu pesar e pela morte do teu filho, ajuda-nos em nossa morte e leva-nos a uma feliz eternidade. Amém. [13]

— Rev. John P. O'Connell

Oração pelas pobres almas

Ó Deus, luz dos que vivem, esperança dos que morrem, salvação de todos que em Ti confiam, concede misericordiosamente que as almas dos Teus servos e servas que estão sendo libertos dos grilhões da nossa natureza mortal, e que pela intercessão de Maria Santíssima, Virgem eterna, estas se rejubilem na companhia dos Teus santos na luz imorredoura. Amém. [14]

— Missal Dominical

Pelos mortos

Cuida, ó Senhor, dos Teus servos que, ao partir desta vida, forem julgados indignos de entrar em Teu júbilo, estando agora sendo preparados para sofrer por essa beatitude final. Concede a satisfação das exigências da Tua justiça e faz que as ofensas desses impotentes pecadores sejam plenamente resgatadas por seu amoroso Senhor e Mestre, Jesus Cristo, Teu filho, o Mediador de toda a humanidade. Amém. [15]

O *Dies Irae* era usado como Missa Réquiem. Esse poema, alegadamente composto pelo franciscano Tomás de Celano no século XIII, foi musicado por muitos compositores famosos.

Dies Irae

Dia de ira, dia terrível,
O céu e a terra se farão cinza,

---

13. Rev. John P. O'Connell e Jex Martin, org., *The Prayer Book*, Chicago, The Catholic Press, 1954, p. 140.
14. Rev. Edward F. Garesche, *Dominican Missal*.
15. O'Connell, p. 147.

Como dizem Davi e a Sibila.
Que horror há de invadir a mente
Quando o Juiz que se aproxima descobrir
E examinar os atos de toda a humanidade!
O prodigioso som da forte trombeta
Fará que se erga cada pedra dos sepulcros
E a todos vai chamar à presença do Trono.
Eis a morte e a natureza surpreendidas;
Os trêmulos pecadores levantando-se
Para fitar os inquisidores olhos do Juiz.
E, para o horror de todo o universo,
Vai ocorrer a leitura do livro das consciências
A fim de que se julguem todos os mortos.
A partir de então, diante do juiz severo,
Todos os segredos sairão à luz;
Ali não há crime que escape ao castigo.
Oh, e o que eu, tão culpado, direi em meu favor?
E quem haverá de por mim interceder?
Quando mesmo os santos quererão conforto?
Ó Deus de tão atemorizante majestade!
Graça e misericórdia concedei-me já;
Como Fonte de Suavidade, salva-me!
Lembra-te, Jesus amado, em meu favor,
De que a nossa natureza sofredora redimiste;
E não abandones minha alma nesse momento!
Tomado de aflição, Tu por mim buscaste
Enquanto no madeiro padecias!
Não vás deixar que isso tenha sido em vão!
Ó Juiz da retidão, ouve-me, eu te suplico,
Tira por piedade o pecado de mim
Antes que venha a terrível hora da verdade.
Teu rosto gracioso, ó Senhor, contemplo;
Abatem-me o rosto a vergonha e o pesar;
Com olhares e lágrimas se exprime meu sofrer.
Tu Que o pecado de Maria perdoaste,
E para o ladrão piedade encontraste,
Deixas com esperança minha mente aflita.
Sei que de pouco me valem minhas orações;
Mas, Senhor, não permitas que eu me veja
Nas fogueiras de eterna dor atroz,
Longe das fileiras dos amaldiçoados,

Ó faze-me entre tuas ovelhas figurar.
Como filho da graça, à Tua Mão direita!
Quando os danados não puderem fugir
Ao torturante fogo,
Para o lado dos bons me chama.
Diante de Ti, em humildade, estou,
Com o coração, qual cinza, seco e destroçado;
Dá-me teu favor na hora da morte.
Imerso em lágrimas, tomado de horror,
Eis-me nesse dia que desperta os mortos.
Que a todos chama, em solene clamor,
Para ter julgado todo o seu passado.
Senhor, tem piedade, ó Jesus bendito,
Dá-lhes a todos Tua luz e Descanso.
Amém. [16]

---

16. Franciscano Tomás de Celano, tradução [para o inglês] de Ruby Spine, Sag Harbor, Nova York, Permanent Press, 1990.

> ...os mortos são acompanhados,
> durante a passagem
> de um para o outro mundo,
> por assistentes celestiais

CAPÍTULO 23

Emanuel Swedenborg Fala da Morte

Esse erudito bíblico, cientista e místico estudou matemática e ciências naturais. Swedenborg (1688-1772) recebeu treinamento em física newtoniana e desenvolveu em sua época uma moderna perspectiva científica. Seus muitos escritos caracterizam-se por um monumental conhecimento e por uma busca apaixonada de uma síntese entre sabedoria antiga e experiência moderna, ciência empírica, filosofia racionalista e revelação cristã.

Sua filosofia foi marcada pela idéia do vir-à-existência mediante o movimento advindo do infinito. Os vínculos entre o mundo infinito e o mundo finito são interpretados como elementos fundamentais da natureza. Esse movimento original é uma forma de consciência e não um mover-se mecânico. Swedenborg deu uma importante contribuição à morte consciente ao descrever os vislumbres que teve do pós-vida. Ainda que a maioria dos seus dados represente a morte inconsciente (veja o capítulo 2), sua influência ainda se faz sentir em nossos dias.

Em suas pesquisas psicológicas, Swedenborg começou com o estudo do sangue, o qual, em sua relação com a organização do corpo humano, corresponde sob certos aspectos importantes ao papel do ponto matemático como nexo entre os mundos espiritual e físico. Ele distinguia vários graus de pureza no sangue, correspondendo o mais elevado aos potentes fluidos cartesianos. Esse fluido funciona tanto como linha concreta de comunicação entre o corpo e a alma como enquanto princípio abstrato, força plasmadora do corpo (*vis formatrix*). Swedenborg combinou esse conceito de força vital com o conceito aristotélico de forma, tendo desenvolvido um sistema teleológico que muito se aproxima ao da monadologia de Leibniz.

Os espíritos vivem, de acordo com esse místico do século XVIII, em cidades nas quais têm uma vida social ativa com funções sociais (até mesmo o casamento) correspondentes às condições terrenas. O envio dos espíritos ao céu ou ao inferno a partir do mundo espiritual interveniente depende dos próprios espíritos, visto que o seu desejo mais recôndito (*amor regnans*) os leva a querer uma companhia adequada.

Ele afirma nos *Principia* a dificuldade de obter conhecimento da alma:

No tocante à alma e às suas várias faculdades, não considero possível serem elas explicadas ou compreendidas por nenhuma das leis conhecidas do movimento; este é de fato o nosso atual estado de ignorância: não sabemos se os movimentos mediante os quais opera a alma sobre os órgãos do corpo sejam redutíveis a alguma regra ou lei, sejam semelhantes às da mecânica ou delas distintas (Parte I, Capítulo I). [1]

Com a ajuda de certas doutrinas filosóficas e do estudo da anatomia, Swedenborg tenta desvendar os mistérios da vida:

Tenho a firme convicção de que a essência e a natureza da alma, seu influxo no corpo, bem como a ação recíproca do corpo, nunca podem ser demonstradas sem essas doutrinas [ele se refere a sua Doutrina da Ordem e à Ciência dos Universais], combinadas com um conhecimento de anatomia, de patologia e de psicologia; não, e mesmo da física e em especial das auras do mundo; e de que, a não ser que os nossos esforços tomem esse rumo e partam desse modo dos fenômenos, teremos de construir, em cada era nova, novos sistemas que provavelmente cairão por terra sem a possibilidade de ser reconstruídos.

Essa, e não alguma outra, é a razão por que, com estudo diligente e intensa aplicação, investiguei a anatomia do corpo [em todas as suas partes]. Ao fazê-lo, posso talvez ter ido além dos limites corriqueiros do perquirir, de modo que bem poucos dos meus leitores poderão me entender claramente. Mas até agora vi-me compelido a me aventurar, visto ter decidido, custe o que custar, descrever a natureza da alma humana (*The Economy of the Animal Kingdom* [A economia do mundo animal], Parte II, Nºs 213 e 214). [2]

---

1. Swedenborg, 1865. Reproduzido com permissão da The Swedenborg Foundation.
2. Idem.

Ele registra sua frustração com esse estudo:

Não posso deixar de concordar com o restante da humanidade quanto ao fato de que o seu conhecimento tinha de ser tentado seja por uma filosofia baseada num claro raciocínio ou, de modo mais imediato, pela anatomia do corpo humano. Porém, ao empreender assim meus esforços, vi-me ainda mais distante do meu objeto; porque, tão logo me pareceu ter eu dado conta do assunto, eis que ele me escapava outra vez das mãos, se bem que sem jamais desaparecer por inteiro de vista... Logo, eu parecia ver, e entretanto não ver, o próprio objeto: o desejo de conhecê-lo me deixou em agitação. Mas com o passar do tempo despertei como de um sono profundo ao descobrir que nada se acha tão distante da compreensão humana quanto aquilo que ao mesmo tempo se acha em sua presença, e que nada está mais presente a ela do que aquilo que é universal, anterior e superior, visto estar contido em todo particular e em todo o que é posterior e inferior. O que será mais onipresente do que a Divindade — Nele vivemos e somos, e nos movemos — e, ao mesmo tempo, o que existe de mais remoto com relação à esfera da compreensão? (*The Economy of the Animal Kingdom*, Parte II, Nº 208).[3]

Em *Heaven and Hell*, Nº 130, lemos, com referência à luz espiritual que há no céu:

Fui sendo elevado ao interior dessa luz gradualmente e, à medida que eu ascendia, meu conhecimento ia se iluminando até que num dado momento pude perceber coisas que antes não percebia, e, por fim, coisas que sequer podia compreender por meio do pensamento advindo da luz natural.[4]

Swedenborg comenta sobre a vida após a morte na seguinte passagem de *Arcana Coelestia* (Nº 70):

Para que eu pudesse saber que o homem vive depois da morte, foi-me concedido falar e conversar com várias pessoas que eu conhecera em sua vida no corpo, e não apenas por um dia ou uma semana, mas durante meses, e em alguns casos por quase um ano, como eu costumava fazer aqui na Terra. Essas pessoas mostravam-se sobremodo surpresas por terem elas vivido, quando de sua existência no corpo, e de tantos ainda

---

3. Swedenborg, 1865. Reproduzido com permissão da The Swedenborg Foundation.
4. Idem.

viverem, num tal estado de descrença com respeito a uma vida futura, quando apesar de tudo intervém apenas o espaço de alguns dias entre a morte do corpo e sua entrada em outro mundo — porque a morte é uma continuação da vida.[5]

São as suas experiências fora do corpo pessoais a fonte das filosofias de Swedenborg:

Os mortos, diz-nos ele, são acompanhados, durante a passagem de um para outro mundo, por assistentes celestiais, bem como terrenos. Anjos do céu celestial, ou superior, são os primeiros a se ocupar da alma que passa, e mantêm a mente o mais possível em pensamentos pios e santos que costumam estar associados com o leito de morte. A entidade se acha nesse momento semiconsciente, e mal percebe a presença de seus guias angélicos; estes, por sua vez, ficam em silêncio, e comunicam seus pensamentos por meio de uma sutil influência.[6]

Os recém-falecidos são abordados pelos "santos", porém sentem isso como coisa insuportável dado que têm um baixo nível de evolução espiritual. Anjos substituem esses santos e transmitem ao falecido o Divino conhecimento. E os anjos se afastam se o falecido demonstrar ser desagradável a sua presença:

Quando assim se separa, a alma é recebida por bons espíritos, que também lhe ministram vários ofícios piedosos enquanto ela está em contato com eles. Se, contudo, a vida da alma no mundo tiver sido tal que lhe seja impossível permanecer ligada aos bons, aquela procura afastar-se igualmente deles, separação que ocorre repetidas vezes até que a alma se associe com aqueles cuja condição seja compatível com sua vida pregressa no mundo, entre os quais ela encontra, por assim dizer, sua própria vida. E as almas, felizes por se relacionar, levam juntas uma vida de qualidade semelhante àquela que constituía seu deleite preponderante quando no corpo. Ao voltar a essa vida, que lhes parece um novo começo de existência, algumas depois de um longo tempo e outras passado um curto intervalo, são levadas em conseqüência ao inferno, ao passo que aquelas que se fundaram na fé no Senhor são levadas gradualmente, a partir desse início de vida, ao céu (*Arcana Coelestia*, N° 316).[7]

---

5. Swedenborg, 1865. Reproduzido com permissão da The Swedenborg Foundation.
6. Idem.
7. Idem.

O homem parece ser o seu próprio juiz, e escolhe as companhias das quais quer privar. Esse conceito inspirador de que qualquer um, santo ou pecador, tem a oportunidade de entrar no céu é um componente essencial da abordagem swedenborguiana da eternidade.

Ele assinala que o iniciado não se dá conta de que morreu, visto que esse novo mundo não difere muito do plano físico. Muitas são as almas que se recusam terminantemente a crer que faleceram. Elas têm um corpo, encontram pessoas afins e observam ao seu redor objetos semelhantes àqueles com que estavam familiarizadas na Terra. Gozam de uma existência real, substancial, em vez de vivenciarem uma condição desencarnada pela qual provavelmente esperavam antes de passar ao seu novo estágio de vida.

Swedenborg descreve as formas organizadas dos espíritos da seguinte maneira:

> Deve-se ter o cuidado de não dar crédito à opinião errônea de que os espíritos não têm sensações mais aprimoradas do que a que se tinha durante a vida do corpo, pois vi-me convencido do contrário pela experiência repetida milhares de vezes... Os espíritos não têm somente a faculdade da visão; eles vivem numa tal luminosidade que a luz do meio-dia deste mundo mal poderia servir de comparação... Têm também a capacidade de ouvir, e num aprimorado grau, como tive repetidas oportunidades de me convencer em minhas conversas quase constantes com eles, que hoje já ocorrem há alguns anos. A natureza de sua fala e o sentido do olfato que possuem, serão objeto, pela Divina misericórdia do Senhor, de considerações ulteriores. Têm ademais um primoroso sentido do tato, o que explica as dores e tormentos suportados no inferno; porque todas as sensações têm relação com o tato, de que são meras variantes e variedades. Além disso, seus desejos e afeições são incomparavelmente mais intensos do que os possuídos no curso da vida do corpo... Os homens também pensam, depois da morte, com muito maior perspicácia e nitidez do que em sua vida precedente; porque num estado espiritual de ser, há mais coisas envolvidas numa única idéia do que havia em mil na vida natural... Numa palavra, o homem nada perde com a morte, sendo ainda homem em todos os aspectos, porém mais perfeito do que era no corpo (*Arcana Coelestia*, Nº 322).[8]

Deve-se observar que *O Livro Tibetano dos Mortos* (veja o capítulo 19) também se refere ao sentido da audição altamente desenvolvido no estado de

---

8. Swedenborg, 1865. Reproduzido com permissão da The Swedenborg Foundation.

bardo. O homem, de acordo com Swedenborg, leva consigo para o pós-vida seus pensamentos, preconceitos e crenças. É preciso corrigir essas idéias errôneas.

Isso é feito de modo mais eficaz e completo permitindo-se que a mente teste experimentalmente seus ideais de bem-aventurança. Na introdução a *Conjugal Love*, temos uma interessantíssima descrição dessas experiências:

> Falam-nos de espíritos que ansiavam por um constante contato social com os mais sábios e melhores como seu ideal de felicidade e que por conseguinte foram postos numa mansão em que podiam manter esses colóquios; porém depois de alguns dias eles se mostravam cansados de conversar e pediam que os deixassem sair, o que era concedido depois de eles se terem persuadido do erro de suas preconcepções e instruídos acerca da verdadeira natureza do júbilo celestial. Outros encontravam satisfação em celebrar com os patriarcas e apóstolos, sendo-lhes concedida uma amostra desse deleite; porém eles logo se mostravam saciados. Outros consideram o céu um local de perpétuo culto, "em que as congregações não fazem pausas e os sabás não têm fim". A estes se permitia entrar num templo e participar do culto ali celebrado. No início eles entravam em êxtase; contudo, depois de um longo período de devoção, seu fervor começava a se reduzir — alguns inclinavam a cabeça e dormiam, outros bocejavam ou pediam aos gritos para sair dali, e todos se mostravam exaustos devido ao excesso de esforço pio. Os que ansiavam pelo gozo de dignidades celestiais recebiam a permissão para isso, mas não encontravam aí satisfação duradoura. Todos são instruídos na realidade de que o júbilo celestial vem do deleite de a pessoa fazer algo útil a si e aos outros e de que o prazer do uso deriva sua essência do amor e da existência da sabedoria. Esse prazer, que vem do amor por meio da sabedoria, é bilateral. Aqui, o homem é seu próprio juiz e sua própria testemunha; o pergaminho de sua vida (registros akáshicos) é desenrolado diante dos seus olhos e todos os seus estados e experiências, recordados; o bem que ele fez por amor à bondade é confirmado como seu, ao passo que obras realizadas por desejo de mérito ou de aplauso são lançadas fora como detritos; vem à mente o mal praticado e objeto de arrependimento, a fim de ser rejeitado e apagado, caso o arrependimento tenha sido genuíno, enquanto as más ações feitas por amor ao mal são relembradas com deleite, sendo confirmadas como parte da natureza da alma.
>
> Concede-se então às almas a oportunidade de assimilar a verdade e libertar-se das crenças errôneas. Elas são instruídas nas doutrinas pelos anjos, que lhes apresentam as verdades últimas de uma maneira compatível com o nível de compreensão de cada uma delas. [9]

---

9. Swedenborg, 1865. Reproduzido com permissão da The Swedenborg Foundation.

"O Senhor nunca lança ninguém no inferno" (*Heaven and Hell*, Nº 545), disse Swedenborg. Ele acrescenta que não permanece no inferno quem dele desejar sair, mas que as almas ficam por razões de compatibilidade.[10]

Diz-nos ele que os mal espíritos recebem por vezes permissão para entrar no céu, porém cedo se jogam de lá, incapazes de suportar a atmosfera de pureza. Outra afirmação marcante de Swedenborg é a de que os homens não são punidos por más ações praticadas no corpo, mas apenas se prosseguirem na prática dessas ações. E não há punição para os males por eles cometidos a partir de uma intenção boa mas errônea; e menos ainda se aplicam castigos aos males hereditários, a não ser que a pessoa os tenha tornado seus.

Não há nessa Divina punição nenhum sentido de vingança. Na realidade, não há punição Divina: o mal castiga a si mesmo.

O Senhor nunca lança ninguém no inferno, desejando na verdade tirar todos dele; e menos ainda induz Ele o tormento; porém, como o espírito mal entra ele mesmo ali, o Senhor transforma todo castigo e tormento em algum bem e em algum uso (*Arcana Coelestia*, Nº 696).[11]

Quando os iníquos são punidos, há sempre anjos presentes a fim de regular o seu grau [de punição] e aliviar as dores dos sofredores (Nº 967).[12]

Tanto o céu como o inferno são regidos pelos mais estritos princípios da ordem Divina. O governo do céu é a conseqüência natural do espírito de ordem que reina em todos: no inferno, há uma coerção e uma restrição necessárias, se bem que a liberdade é concedida desde que não seja objeto de abusos.

O céu apresenta grosso modo três divisões, correspondendo estas aos três graus da mente humana, o celestial, o espiritual e o natural; e em cada um desses céus há uma subclassificação em sociedades feita nos termos das características específicas dos seus habitantes. Também há uma tríplice divisão no inferno, bem como uma subclassificação semelhante em sociedades infernais. Há nas sociedades celestiais subordinação de uns a outros, havendo dirigentes, líderes e mestres; mas nada que se assemelhe ao amor às posições e ao poder que caracteriza os governos terrenos.

O céu enquanto totalidade mostra-se aos olhos do Senhor como um único homem, o que reflete o funcionamento harmonioso da sociedade em prol do bem-estar geral. Todo anjo, e toda sociedade, tem uma função em seu corpo

---

10. Swedenborg, 1865. Reproduzido com permissão da The Swedenborg Foundation.
11. Idem.
12. Idem.

político correspondente a algum órgão ou constituinte específico do corpo. Os dotados de especial inteligência pertencem à cabeça; aqueles em que o amor é o princípio dirigente, ao coração; os espíritos ativos são as mãos, os críticos representam os rins e assim por diante. Mesmo a pele, os cabelos e as unhas têm seus correlatos.

Essa doutrina do "Grande Homem", ou *Maximus Homo*, é alvo de inúmeras compreensões errôneas. Segundo Swedenborg, temos de libertar a mente do espaço e do tempo a fim de compreender a verdade espiritual. Logo, não devemos considerar esse Grande Homem como uma forma imensa em cuja forma corporal se acham contidas miríades de outros seres humanos, mas como representando, enquanto totalidade, a perfeição das qualidades humanas. Assim como no mundo nenhum homem pode personificar todas as possibilidades da raça, tendo cada qual seu lugar na economia geral, assim também, no estágio superior da existência toda pessoa é complementar de todas as outras, e só se vê o homem PLENO no grande todo. O inferno, cumpre acrescentar, é, enquanto totalidade, um monstro horrendo e inumano.

A vida no céu não é, como vimos, uma monótona sucessão de exercícios religiosos, mas um cenário de constante atividade. Como o serviço útil é o fundamento da felicidade celestial, conclui-se pelo imperativo da existência de ocupações no céu. Toda faculdade humana encontra um uso, e o ócio não é permitido nem no inferno. Ali, os que se mostram relutantes são compelidos a trabalhar, e só recebem comida se prestarem algum serviço.

As ocupações dos anjos diferem das terrenas, tendo em vista que, na qualidade de seres espirituais, eles não trabalham para "ganhar o pão", nem para ter abrigo e vestes, coisas que lhes são proporcionadas de graça. Ainda assim, encontram abundantes modalidades de ação útil.

No céu, há governos, órgãos, diversas instâncias judiciais, artes e ofícios (*Conjugal Love*, Nº 207).[13]

A arquitetura celeste excede em beleza e dignidade os mais elevados esforços dos construtores humanos:

Tem essa natureza a arquitetura do céu que se poderia dizer estar ali a própria arte, o que não causa surpresa, visto que a arte em si é do céu (*Heaven and Hell*, Nº 185).[14]

A arquitetura celeste não é no entanto obra dos anjos; ela toma forma, como outros elementos ambientais, a partir dos seus estados mentais. Há vá-

---

13. Swedenborg, 1865. Reproduzido com permissão da The Swedenborg Foundation.
14. Idem.

rios gêneros de arte construtiva, que requerem esforço consciente, como se sabe a partir de vários relatos. Num dado lugar, lemos sobre um belo vaso, feito por alguns espíritos em homenagem ao Senhor; noutro, de "peças de bordado e crochê, obra de suas próprias mãos", que algumas donzelas celestiais presentearam a três espíritos noviços; e de "escribas, que faziam cópias de escritos dos sábios da cidade", inspecionados pelos mesmos espíritos, que "se espantaram ao vê-los tão bem-feitos e elegantes". Esses espíritos também "foram levados a ver as prodigiosas obras feitas à maneira espiritual pelos artífices" (*Conjugal Love*, Nº 207).[15]

> Anjos de todas as sociedades são enviados aos homens, a fim de protegê-los e deles afastar as más afeições, e os conseqüentes maus pensamentos, bem como para inspirá-los com boas afeições, desde que os homens se disponham livremente a recebê-los (*Heaven and Hell*, Nº 391).[16]

> O céu não é de modo algum um lugar ou condição de langoroso ócio.

> O descanso eterno não é ócio; porque o ócio produz um langor, uma apatia e um entorpecimento da mente e, portanto, de todo o corpo; e essas coisas são morte em vez de vida, e menos ainda a vida eterna em que estão os anjos do céu (*Conjugal Love*, Nº 207).[17]

Uma questão que muitas mentes evocam é a da relação entre os sexos na outra vida. Costuma-se pensar que a existência espiritual seja assexuada, porque Jesus declarou que no céu não há casamento nem dar a mão em casamento, e tudo se passa "como com os anjos de Deus". Swedenborg consegue nos informar, por experiência pessoal, que o sexo continua por ser, em sua essência, espiritual. Há a alma masculina e a alma feminina, e o HOMEM é a conjunção dos dois. Assim, quando são unidos de fato neste mundo, os parceiros mantêm essa união no além; se não tiver havido vida de casado, ou se tiver ocorrido uma união impossível, os consortes serão encontrados por quem o desejar. No caso de pares efetivamente unidos, a morte de um não significa separação, exceto no tocante à presença consciente, já que:

> O espírito do falecido vive continuamente em companhia do espírito do sobrevivente, até a morte deste, quando os dois se encontram e voltam a

---
15. Swedenborg, 1865. Reproduzido com permissão da The Swedenborg Foundation.
16. Idem.
17. Idem.

se unir, amando-se um ao outro com ternura ainda maior do que antes (*Conjugal Love*, Nº 321).[18]

Os casados se encontram no outro mundo, vivendo juntos por algum tempo; mas se houver discordância entre suas naturezas, eles terminam por separar-se e deixam de se conhecer um ao outro. No céu não há, é desnecessário dizer, decrepitude. Com o aumento da idade, tanto o homem como a mulher avançam na vida ali; em vez de se tornar fracos e incapazes, têm um aumento de suas faculdades e evoluem.

---

18. Swedenborg, 1865. Reproduzido com permissão da The Swedenborg Foundation.

> ...a morte é apenas uma transição
> de uma vida e de uma dimensão
> para outra vida e outra dimensão

CAPÍTULO 24

O Que Diz a Teosofia Sobre a Morte

A Sociedade Teosófica foi fundada por Madame H. P. Blavatsky na cidade de Nova York. Era o dia 17 de novembro de 1875. Essa organização, que formou a base do Espiritualismo Americano, teve sua origem ligada à influência de mestres ascensos da Índia, de acordo com Madame Blavatsky, C. W. Leadbeater e Annie Besant, que, segundo se afirma, canalizaram esses adeptos indianos e escreveram vários textos detalhados acerca de suas crenças. Mais recentemente, a Escola Arcana de Alice Bailey, de Nova York, baseou-se em ensinamentos canalizados por meio do Mestre Tibetano Dj Whal Khul. Bailey fez sua transição em 1949.

De acordo com os teosofistas, o mundo tem passado por períodos alternados de "sono cósmico" conhecidos como *manvantaras* e *pralayas*. As *mônadas* foram almas individuais elementares despertadas durante a fase de manvantara. Os períodos de repouso precedentes constituem o ciclo pralaya.

As mônadas adquirem a capacidade de criar matéria pessoalmente. Elas terminam por projetar o próximo mundo ou universo que vão habitar. Essa evolução é gradual, iniciando-se com várias vidas minerais, sucedidas por fases, a que se seguem existências animais inferiores e, por fim, encarnações humanas.

Uma mônada começa como um ser espiritual. Sua existência física representa um estado reduzido de consciência. A meta última é retornar ao nível perfeito de energia. Uma vez que a mônada tenha atingido o nível da experiência humana, a humanidade continua essa evolução ao assumir a responsabilidade pelo seu progresso.

Durante os períodos de repouso, ou pralaya, os planetas funcionam como centros de preparação do próximo passo evolutivo. Desse modo, a reencarnação envolve uma combinação de ciclos manvantara e pralaya de vidas físicas e espirituais.

Os teosofistas acreditam que há cinco forças motrizes que resultam no renascimento:

- O desejo de impressões exteriores para reforçar a autoconsciência.
- A atração da Terra.
- O karma.
- O desejo de auto-expressão no mundo material (trishna).
- O apego a objetos materiais e a condições físicas.

O karma é, por conseguinte, uma lei natural. Esquecemo-nos da nossa natureza espiritual quando envolvidos em demasia com o nosso ego ou obcecados com o materialismo. É considerável o número de vidas necessário para atingir essa perfeição. De acordo com Sinnett, levamos aproximadamente 800 vidas distintas. A evolução espiritual e a perfeição final da alma nos preparam para atingir o nirvana. É a nossa consciência ou alma que é eterna e tem papel fundamental nesse sistema.

O mais ponderável obstáculo à superação do karma é o envolvimento da mônada com o mundo material. Uma vez alcançado o estado humano, a mônada passa a ser totalmente responsável por suas ações. Assim, a teosofia considera o ciclo de renascimento mais como um desenvolvimento planejado, em vez do sofrimento contínuo do hinduísmo clássico. Estão incluídas nesse plano global amplas oportunidades de desenvolvimento.

Refere-se a teosofia ao Eu Superior, a própria mônada, bem como ao princípio unificador que permeia todo o ciclo kármico e ao eu inferior. Este último é uma projeção do Eu Superior em sua forma atual, que é diferente de vida para vida. O elo que liga o Eu Superior ao eu inferior vai se tornando cada vez mais tênue à medida que o homem se esquece do seu propósito espiritual. O eu inferior tem uma consciência semi-independente que se acha vinculada com o corpo físico. Esse vínculo Eu Superior-eu inferior é fortalecido pela iniciação.

O Eu Superior compreende três componentes. Trata-se do atma, do budhi e dos manas. Os manas são também chamados de corpo causal. O eu inferior é a alma astral, e entra no campo astral de kamaloka com a morte do corpo físico. Elementos indestrutíveis, conhecidos como "átomos permanentes", formam os corpos físico, astral, mental e etérico. Ao lado da aura, esses átomos permanentes registram as experiências de cada vida.

Uma rede búdica de vida vai do Eu Superior ao corpo etérico, e deste se manifesta finalmente no corpo físico. Essas correntes de vida (o cordão de prata) se retraem quando da morte e se enrolam ao redor de um núcleo no coração que toma a forma de uma chama púrpura e ouro. Daí, migram para a terceira cavidade cerebral, deixando o corpo, ao lado dos átomos permanentes, pelo topo da cabeça.

É nesse momento que a pessoa à morte tem a oportunidade de fazer uma revisão panorâmica de sua vida. A consciência do eu inferior decai com a morte física do corpo. Eis por que é impossível que a pessoa recorde vidas passadas sem entrar em contato com o Eu Superior.

O destino da parte astral-etérica do eu inferior é *kamaloka*, o campo astral que circunda a Terra. A alma pode agora entregar-se a quaisquer desejos sem temer más conseqüências. Os desejos gastos permanecem como skandas, ou elementos astrais, voltando na encarnação seguinte. Os átomos permanentes se recolhem ao corpo mental.

São esses skandas (astral-etéricos ou etérico-físicos) os portadores do karma. Por exemplo, uma alma com um problema compulsivo de jogo reencarna com tendência a jogar. Mas isso não resulta necessariamente num retorno dessa aflição. A alma sempre tem livre-arbítrio para evoluir e resistir aos seus antigos vícios.

O Eu Superior adormece no final do período do kamaloka e redesperta no *devachan*. Trata-se do mundo dos pensamentos. Livre de causas, esse mundo consiste apenas de efeitos. A única ação possível nessa dimensão é dar livre curso aos pensamentos. É um mundo de ilusões autocriadas. Aí a alma pode adquirir novos conhecimentos, ao lado de aspirações superiores. Quanto maior o acúmulo de pensamentos e de sabedoria na vida anterior, tanto maior a permanência no *devachan*. O corpo mental é desprezado depois que a alma deixa o devachan, e esta chega ao manas, o componente do Eu Superior, abrigado no corpo causal.

Um cordão dourado de matéria búdica significa a volta a uma nova encarnação. Os átomos permanentes do Eu Superior acompanham essa substância e levam todos os skandas remanescentes deixados nos outros planos inferiores.

A condição dos átomos permanentes e dos skandas que vão com eles determinam a condição da nova vida. Há quatro outros fatores que afetam as novas vidas. São eles:

- O potencial evolutivo de aprendizagem da nova vida.

- As relações com outras pessoas que nasceram ou se acham em vias de nascer.

- O livre-arbítrio e a preferência pessoal ou insistência (especialmente de egos avançados).
- Missões especiais que tenham sido aceitas.

Os quatro ou sete lipika, ou "Senhores do Karma", dirigem o processo da reencarnação. Trata-se de administradores cósmicos que registram todas as ações e experiências nos registros akáshicos e aplicam testes kármicos. Eles funcionam como "duplos etéricos" do corpo físico e governam o desenvolvimento do corpo até os sete anos. A alma só se encarna plenamente ao atingir os 21 anos.

C. W. Leadbeater propôs uma classificação da duração do tempo entre encarnações. Eis os seus dados:

- 1500 a 2300 anos: almas maduras, avançadas; iniciados.
- 700 a 1200 anos: aqueles que trilham o caminho da iniciação ou dele se aproximam; passam cerca de 5 anos no plano de kamaloka e até 50 no manas.
- 600 a 1000 anos: a classe superior; 20 a 25 anos no kamaloka e uma estadia menor no manas.
- Cerca de 500 anos: classe média alta; 25 anos no kamaloka e nenhum no manas.
- 200 a 300 anos: classe média baixa; 40 anos no kamaloka.
  100 a 200 anos: trabalhadores qualificados; 40 anos no kamaloka.
  60 a 100 anos: trabalhadores não-qualificados; 40 a 50 anos no kamaloka.
- 40 a 50 anos: os imprestáveis e ébrios, só no kamaloka.
- Cerca de 5 anos: a classe mais baixa; apenas na parte inferior do kamaloka ou vida presa à Terra, vegetativa.

De acordo com os teosofistas, o nosso comportamento tanto exprime as nossas vidas passadas como moldam as nossas encarnações futuras. Eles afirmam com convicção a existência da lei kármica da causa e efeito. A alma às vezes falha em reconhecer esse princípio devido ao maya, a ilusão criada pelos longos intervalos entre causa e efeito.

O karma tem três níveis:

- é uma lei natural, que não pode ser amenizada e da qual ninguém escapa.
- é uma recompensa ou um castigo.
- é uma orientação, uma compensação, uma evolução e uma cura.

Portanto, são os nossos pensamentos, sentimentos e ações que nos acompanham em nossas vidas futuras. A crueldade numa vida pode levar à insanidade na vida seguinte. Os atos astrais também afetam a vida no plano físico. Acidentes imerecidos podem ser subtraídos da dívida kármica decorrente de ações noutros planos. Outros exemplos incluem resgates miraculosos e orientações importantes recebidas de outras almas em momentos de necessidade.

Os teosofistas consideram que as más ações são castigadas e as ações positivas sempre recompensadas. Quanto maior a má ação cometida, tanto maior o castigo. A alma pode sofrer por até sete vidas em função de suas ações precedentes.

Um(a) assassino(a) pode ser assassinado(a) em sua próxima vida. Pode ter de salvar a vida da vítima à custa da sua a fim de se redimir. Outra solução pode ser toda uma vida de serviço e de devoção aos outros. Uma pessoa de valor que tem episódios de "má sorte" na vida e a boa sorte de uma alma indigna são exemplos de retribuição e recompensa kármicas.

É parte da concepção teosófica a idéia de que a alma tem livre-arbítrio e sempre pode receber ajuda. Os teosofistas não aceitam o conceito de predestinação, visto que ele tornaria sem sentido o karma. É-se liberto *pelo* karma e não *do* karma. Há ainda karma grupal, institucional e nacional.

A nossa sinceridade e receptividade diante de experiências promove o nosso progresso em termos de evolução da nossa alma. O karma e a conseqüente reencarnação são apenas instrumentos voltados para a libertação do ciclo do nascimento e da morte. Essas doutrinas espirituais nos foram apresentadas pelos mestres. Estes nos informam que atingimos a perfeição na sétima vida, depois de termos dado os passos iniciais na direção do desenvolvimento espiritual.

Prestando ajuda aos outros em seu caminho espiritual podemos remover débitos kármicos. As nossas intenções, mais do que as nossas ações, são o mais importante. As almas de maior evolução espiritual são as que se sentem atraídas naturalmente por doutrinas teosóficas. Quando se tem uma mente aberta e um bom coração, só se pode crescer. A morte é apenas uma transição de uma vida e de uma dimensão para outra vida e outra dimensão. Podemos fazer dela uma transição tranqüila mediante a aplicação de técnicas de morte consciente.

Conclusão

Elisabeth Kübler-Ross, autora do clássico da tanatologia *On Death and Dying*, afirmou que:

> A morte é somente a ruptura do corpo físico, como a borboleta saindo do seu casulo. É uma transição para um estado mais elevado de consciência no qual se continua a perceber, a compreender, a sorrir, a poder crescer, e a única coisa que se perde é algo de que já não se precisa: o corpo físico. [1]

Sócrates, citado por Platão, teria dito, pouco antes de beber a cicuta:

> Temer a morte, senhores, não passa de pensar que se é sábio não o sendo; porque é pensar que sabemos o que não sabemos. Nenhum homem sabe se a morte não poderia mesmo vir a ser a maior bênção para um ser humano, e ainda assim as pessoas a temem como se tivessem certeza de ser ela o maior dos males. [2]

A implicação disso é: a morte nos desafia a procurar o sentido da vida. Trata-se da maneira pela qual a natureza nos impele a descobrir o nosso verdadeiro eu real — para além do mundo material. A morte pode ser o nosso melhor amigo. Ela nos ajuda a tomar consciência de outros mundos que nos são negados no plano físico. Na realidade, a morte nos assiste na descoberta da genuína felicidade.

Os céticos ainda zombam dessas noções e as ridicularizam. Eles declaram que não pode haver consciência depois da morte do corpo físico. O universo

---
1. Kübler-Ross, 1969.
2. *Eutífron*.

é formado apenas por realidades materiais, e sem o organismo físico não pode haver mente, nem consciência, nem, sem dúvida, vida depois da morte. As experiências de quase-morte são meras alucinações causadas por razões que podem ser psicológicas, farmacológicas ou neurológicas. Pode ser impossível a própria existência de uma prova objetiva em questões relativas à mente e ao espírito.

Pode-se alegar que ninguém que ainda não morreu pode falar com autoridade; e já que ninguém aparentemente voltou da morte, como pode alguém saber o que é a morte e o que ocorre depois dela?

Os tibetanos vão declarar que não há nenhuma pessoa, na verdade nenhum ser vivo, que não tenha voltado da morte. Com efeito, todos morremos muitas vezes antes dessa nossa atual encarnação. Aquilo que denominamos nascimento é somente o outro lado da morte, como um dos lados da moeda ou como uma porta chamada do lado de fora "entrada" e do lado de dentro "saída".

As pessoas no Ocidente duvidam do renascimento porque não podem lembrar-se de suas vidas e mortes passadas. Ninguém se recorda do seu próprio nascimento, mas a maioria das pessoas não duvida de sua presença nesta vida. O problema reside nessa dependência do ego (a mente consciente propriamente dita) e não em seu uso do subconsciente.

Dirigi mais de 33 mil regressões individuais a vidas passadas e progressões a vidas futuras para mais de 11 mil pacientes. Posso atestar a relativa facilidade com que qualquer pessoa, com uma pequena ajuda da hipnose, pode ter acesso aos seus registros akáshicos e examinar essas vidas.

O karma é simplesmente causa e efeito. É totalmente justo. Pode-se descrevê-lo como um código de ética prático. Cada qual controla seu próprio karma. Toda alma tem um papel de juiz e de júri. Só podemos nos enganar temporariamente. O karma ensina que só você pode ser acusado ou elogiado por sua própria vida. Não procure um bode expiatório.

A morte inconsciente traz consigo a experiência inesquecível do esquecimento e da desintegração que abala o ego — algo sobremodo desestabilizador para o viajante inexperiente, destruindo-lhe o vínculo consciente de uma vida com a outra.

A morte consciente, por sua vez, abre um mundo prodigioso e mais iluminador para todos nós. Passamos a conhecer mais segredos da vida e os verdadeiros sentidos da existência. Começamos a gostar de aprender mais com as grandes lições espirituais do universo.

Alguns de vocês ainda podem alimentar sentimentos de descrença, de ceticismo e de desconfiança. Outros podem obter com a leitura deste livro mais elementos em favor de suas crenças. Acalento a esperança de que vocês se mostrem receptivos. Não são os hipnoterapeutas que curam; cabe a cada um a responsabilidade final. A morte consciente permite a expansão e o emprego da consciência, eliminando o medo, a ansiedade, a depressão e outras tendências negativas, bem como o temor da morte. A hipnose não é mágica nem constitui uma panacéia — é antes uma maneira de ajudar a moldar o futuro. Criando sua própria realidade com o conhecimento de suas mentes subconsciente e supraconsciente, você pode afetar positivamente suas vidas presente e futura. E, o que é mais importante, a morte consciente pode eliminar a própria necessidade de voltar.

Esquecemo-nos por vezes de que existe um Deus. Deus não nos castiga — somos nós que nos castigamos. A alma sempre tem livre-arbítrio. Podemos escolher fazer o bem ou o mal, fazer o certo ou o errado. Escolhemos nossas vidas futuras. Quem escolheria matar, estuprar, roubar ou enganar tendo conhecimento das implicações kármicas? Aprendendo a usar esses princípios da morte consciente para promover uma melhoria do nosso próprio ser, estamos melhorando o futuro de todos. O universo se acha ligado por uma rede formada pela consciência de todas as almas.

Todo esse processo vai terminar quando cada qual cumprir o seu karma. Quando você aprender todas as lições de que precisa e mostrar gentileza e amor abnegado a todos com quem entra em contato, o ciclo vai findar. E quando chegar ao fim, você vai ultrapassar o plano anímico e atingir os planos superiores e finalmente chegar à presença de Deus. O karma é só um processo de evolução, de alcance de níveis cada vez maiores de perfeição. Ele dá vida. A morte consciente apenas abrevia o processo.

Um estudo recente mostra que uma combinação de psicoterapia e remédios não se mostra significativamente mais eficaz do que a terapia sem remédios. Esse resultado contraria a atual sabedoria convencional vigente no campo da medicina e no sistema de saúde mental. Os pesquisadores observaram que o abuso de antidepressivos se deve mais às agressivas campanhas publicitárias feitas pelos laboratórios. Sobrepõe-se a isso a prática da indústria dos seguros médicos de pagar mais pelo uso de remédios do que pela psicoterapia.

Meu propósito ao relatar isso é dar mais um exemplo da ilusão do mundo físico. A busca da salvação por meio dos remédios ou de qualquer outra abordagem exterior leva apenas à morte inconsciente e a todos os conseqüentes fatores que inibem a libertação da alma.

Aprenda acerca de si mesmo. Sua consciência vai lhe dar as respostas corretas às questões sobre a imortalidade. Não há definição do que constitui uma boa morte. Na Grécia Antiga, considerava-se uma bênção morrer em tenra idade. Hoje isso é visto como uma tragédia. A morte consciente é, na minha opinião, a melhor morte.

Há aquilo a que dou o nome de teoria da relatividade da consciência. Quando dormimos, o estado de vigília é considerado falso, enquanto o de consciência adormecida (sonhos) é real. Quando despertamos, o oposto é verdadeiro. Se então admitirmos que esses dois princípios são corretos e transitórios, poderemos ficar mais receptivos à idéia de que cada transição é parte de um processo contínuo e que uma é relativa à outra. O efeito disso vai ser a eliminação do "eu" que não aceita a relatividade. A realidade é determinada pela nossa capacidade de ser receptivos a experiências. Só quando começamos a investigar a própria consciência é que emerge a verdadeira natureza da consciência.

Como a nossa mente consciente dá preferência ao que recebe dos cinco sentidos, submete-se o subconsciente a uma lavagem cerebral que o faz entrar em choque diante da simples idéia da morte. A não ser que o vínculo com o Eu Superior seja mantido, a realidade dessa transição vai retardar a evolução espiritual. Tal como no sono, não sabemos o que é real. Os sonhos podem ter a força de mudar o rumo da nossa vida. A morte também pode ser um empecilho ou uma ajuda significativa para o nosso ser. Atitudes prejudiciais como "eu sou a luz" ou "não há nada além do corpo físico" servem apenas para nos desviar do estado puro e simples de ser.

Nem aqueles que tiveram uma EQM conseguem identificar a verdadeira natureza da luz. Essa luz é o nosso Eu Superior. Temos de nos unir a ela. Sim, os sobreviventes de EQMs descrevem como essa luz é brilhante e formosa, mas nenhum parece desejar fundir-se com ela. E nisso reside o problema da morte inconsciente, sendo essa a principal razão de eu classificar todas as EQMs como morte inconsciente, em oposição à morte consciente. A iluminação só pode manifestar-se quando eliminamos essa ilusão de separatividade e nos fundimos com a luz.

Nascemos com um cérebro físico bastante desenvolvido, mas empregamos menos de 1% dele. A parte que usamos é erroneamente programada para sofrer e viver na ignorância. Essa ignorância cria insegurança, medo, destrutividade e egoísmo. Disso resulta o conflito, a desconfiança, a competitividade, a guerra, a agonia e a morte inconsciente.

Permita-me assinalar que não é um propósito premeditado do cérebro nem dos cinco sentidos criar obscuridade para a alma que entra num recém-nascido. O sistema existe para que essas estruturas assistam a evolução espiritual da alma. É o choque da morte inconsciente e o conseqüente renascimento inconsciente que resultam em nossa falta de consciência da nossa verdadeira natureza, e na regressão desta.

É a alma que tem nas mãos o próprio destino que vai julgar mais fáceis e gratificantes as técnicas da morte consciente. Existem alguns comportamentos que nós seres vivos podemos adotar para facilitar a nossa evolução espiritual e aprimorar o nosso sucesso na aplicação de técnicas da morte consciente. São eles:

- Seja amoroso, altruísta e gentil. O amor é a mais importante qualidade do universo.
- Seja alguém que dá. Elimine a tendência de receber. Tenha uma vida simples, de boa qualidade.
- Reduza seu apego às posses materiais. Aproveite-as o máximo que quiser, mas esteja disposto a perdê-las sem inveja, ressentimento, raiva ou outras reações emocionais negativas.
- Tenha nas mãos o seu próprio destino. Você pode desejar obter certas coisas da vida, mas nunca seja pobre *de* espírito.
- Volte-se antes para Deus do que para o mundo.
- Seja humilde. Elimine o desejo de ser impiedoso, agressivo e arrogante. Remova todas as tendências a ser superficial, fútil e dissimulado.
- Aprenda a não se identificar em demasia com o seu corpo. Diga a si mesmo: "Sou uma alma espiritual, imortal e eterna. Eu crio minha própria realidade." O corpo um dia morre, mas a alma é eterna.

Stephen Cummins, um atirador de 24 anos da Artilharia Real da Irlanda do Norte, foi um dos dois soldados que morreram quando terroristas do IRA [Exército de Libertação da Irlanda] explodiram uma mina terrestre sob um Land Rover do Exército. Pouco antes de sua morte prematura, esse valente jovem soldado escreveu um poema para os pais. Essa precognição de sua própria morte contém muitos elementos pungentes acerca do tema deste livro:

Não chorem à beira do meu túmulo;
Não estou lá. Não durmo.
Sou um milhar de ventos que sopram.
O brilho diamantino sobre a neve.
A luz solar a banhar o cereal maduro.
Sou a delicada chuva de outono.
Quando vocês acordam na pressa da manhã,
Sou o rápido movimento extasiante
Das calmas aves voando em círculos.
Sou as suaves estrelas a brilhar na noite.
Não solucem à beira do meu túmulo;
Não estou lá. Não morri.

Glossário

Alma: A energia eletromagnética (ondas cerebrais alfa) que compõe o nosso ser. É também chamada de mente subconsciente e é o que reencarna num novo corpo depois da morte do anterior.

Anjos: Entidades de puro espírito que assistem os seres humanos em momentos de grande tensão. Muitos os equiparam a Mestres e Guias. Os anjos são um componente da maioria das religiões do mundo.

Bardo: As experiências intermediárias entre a morte e o renascimento físicos, de acordo com os ocidentais. A definição oriental refere-se a qualquer dos seis estados transitórios e ilusórios de consciência: a vigília, o sonho, a meditação profunda, o morrer, a realidade entre vidas e o renascimento.

Escolas de Mistério: A religião praticada pelos antigos, que incluía o treinamento dos iniciados na arte da morte consciente. As Escolas de Mistério sobreviveram ao longo da História na forma de Livre Maçonaria, do Movimento Rosa-cruz, da Teosofia e de outras práticas.

Estado Alterado de Consciência (EAC): Termo que descreve a onda cerebral alfa característica da hipnose, da meditação e dos devaneios, e de todas as experiências fora do corpo.

Eucaristia: Uma comemoração ou oração cristã da alma aflita. Uma das mais antigas práticas cristãs.

Eu Superior: Outro termo que descreve a mente supraconsciente ou o componente de energia perfeita da alma. O Eu Superior é um vestígio da energia de Deus.

Experiência Consciente Fora do Corpo (ECFC): O estado de consciência exibido pela alma que morre conscientemente.

Experiência de Quase-Morte (EQM): Uma espécie de experiência fora do corpo em que o corpo físico morre de fato por um período que vai de uns poucos instantes a vários minutos antes de voltar à vida. Esse termo foi cunhado pelo dr. Raymond Moody.

Experiência Fora do Corpo (EFC): Estados alterados de consciência que a alma exibe sempre que deixa o corpo físico. Os sonhos, a hipnose, a meditação, os períodos passados em condições de extrema dificuldade e as EQMs são exemplos desse fenômeno.

Filosofia Perene: Um núcleo comum a todas as religiões, delineado por Huxley. Define-se como a essência transcendental de todas as principais religiões, tal como apresentada pelas tradições místicas destas.

Fundamento Absoluto: A realidade de todas as coisas. O universo é apenas uma manifestação desse Absoluto. O fundamento absoluto não se acha separado como algum gênero de criador apartado da criatura. Trata-se de um componente da filosofia perene de todas as religiões.

Karma: Lei moral de causa e efeito segundo a qual o estado atual da pessoa é determinado pelos pensamentos e ações passados da alma. Estes últimos influenciam, por sua vez, as futuras lições a ser aprendidas.

Koan: Uma pergunta ou problema que se mostra impossível de resolver. Por exemplo, a pergunta "Qual o som de uma mão batendo palmas?" é um Koan. O discípulo chega à solução dirigindo a atenção para a sua própria concentração, na meditação, por várias horas. A solução vem na forma de uma percepção iluminada.

Libertação: A capacidade que tem a alma de libertar-se do ciclo kármico ou ciclo do nascimento e da morte. Emprega-se igualmente o termo "Iluminação" para descrever esse processo.

Mente Consciente Propriamente Dita: O cérebro esquerdo, analítico e crítico. Os nossos mecanismos de defesa do ego constituem essa parte da nossa consciência.

Mente Supraconsciente: O mesmo que Eu Superior.

Mestres e Guias: Essas entidades perfeitas completaram há muito tempo seu ciclo kármico e preferiram permanecer nos cinco planos inferiores a fim de assistir almas iniciadas em busca da perfeição. Alguns se referem a esses seres com a designação "anjos".

Morte Consciente: O processo de manutenção de um vínculo entre a alma e o Eu Superior no momento da morte física a fim de assegurar a chegada da alma ao plano anímico, sem a interferência das forças desorientadoras do ciclo kármico. Essa técnica pode ter como resultado a imediata libertação da necessidade de reencarnar por parte da alma.

Morte Inconsciente: O processo mediante o qual a alma fracassa na manutenção de um vínculo com seu Eu Superior no momento da morte, algo que a deixa exposta às forças desorientadoras do ciclo kármico. As EQMs também são exemplos de morte inconsciente. Infelizmente, a maioria das formas de transição por que passam as almas são desse tipo.

Morte Parcial: Um estado de desespero exibido por pacientes mais idosos em casas de repouso e hospitais. Essa condição de mero existir se faz acompanhar de uma aguda depressão.

Nidanas: São 12 forças específicas criadas por nós e passíveis de ser usadas para nos manter dentro dos limites do ciclo kármico ou para liberar a alma desse ciclo de nascimento e morte.

Osíris: O deus e juiz egípcio dos mortos. É também o seu símbolo de ressurreição. Osíris é, de acordo com *O Livro Egípcio dos Mortos*, o árbitro do destino futuro do homem.

Pirâmides, Textos das: Caracteres hieroglíficos inscritos nas paredes de certas pirâmides egípcias. Esses textos, ao lado dos *Textos da Tumba*, constituem parte ponderável de *O Livro Egípcio dos Mortos*.

Plano, Conceito de: O paradigma segundo o qual o universo se divide em três tipos principais de plano. Os cinco planos inferiores compõem o ciclo kármico. O sexto plano, ou plano anímico, é aquele no qual a alma escolhe sua próxima vida. Há por fim sete planos superiores, representando o plano de Deus ou plano inominado o décimo terceiro. A alma deve libertar-se do seu ciclo kármico para poder viajar pelos planos superiores até chegar a Deus.

Purificação: A técnica de apresentação da mente subconsciente e da alma ao Eu Superior (mente supraconsciente), de modo a criar entre eles um vínculo. Também chamada de contato com a mente supraconsciente e de Clara Luz.

Registros Akáshicos: O registro das vidas passadas, presente e futuras da alma, guardado no plano causal. A alma pode ter acesso a esses registros em qualquer plano, porém é mais fácil fazê-lo quando está no plano anímico.

Renascimento Consciente: O mecanismo de reencarnação caracterizado pela entrada da alma no corpo de um recém-nascido sem ter de experimentar o contato com as forças desorientadoras do ciclo kármico.

Renascimento Inconsciente: Processo de entrada da alma no corpo de um recém-nascido depois de ter estado exposta às forças desorientadoras do ciclo kármico devido à sua incapacidade de manter o vínculo com o Eu Superior ao morrer em sua vida precedente. A grande maioria dos renascimentos já ocorridos na história da nossa sociedade tem sido desse tipo.

Senhores do Karma: Há quatro ou sete dessas entidades, que agem como administradores cósmicos que registram todas as ações e experiências da alma nos registros akáshicos. Esses seres, também conhecidos como Lipika, aplicam então testes kármicos à alma.

Sonho Lúcido: Um tipo de sonho no decorrer do qual o sonhador tem ciência de que está sonhando. As pessoas que o praticam são de modo geral capazes de dirigir o desfecho do sonho. Trata-se de uma espécie de experiência fora do corpo.

Subciclos: Conjuntos menores de lições que a alma tem de aprender como parte do seu ciclo kármico total a fim de se aperfeiçoar. Apresenta-se o karma de grupo durante um subciclo em que, no decorrer de várias vidas, a alma reencarna junto com o mesmo conjunto de outras almas.

Tanatologia: A ciência da morte e do morrer estabelecida pela psiquiatra Elisabeth Kübler-Ross.

Bibliografia

Arya, Pandit Usharbudh, *Meditation and the Art of Dying*, Honesdale, Pensilvânia, Himalayan International Institute of Yoga, Science and Philosophy, 1979.

Blofeld, John, *The Tantric Mysticism of Tibet*, Boston, Shambhala, 1987.

Brandon, S., *Judgement of the Dead: The Idea of Life After Death in the Major Religions*, Nova York, Scribner's, 1969.

Budge, E. A. W., *The Book of the Dead*, Londres, Longman & Co., 1895. [*O Livro Egípcio dos Mortos*, editado pela Editora Pensamento, São Paulo.]

Castañeda, Carlos, *Journey to Ixtlan: The Lessons of Don Juan*, Nova York, Simon & Schuster, 1972.

Celano, Tomás de (Franciscano), *Dies Irae*. Trad. Ruby Spine, Sag Harbor, Nova York, Permanent Press, 1990.

Choron, Jacques, *Death and Western Thought*, Nova York, Collier Books, 1963.

Crookall, Robert, *Casebook of Astral Projection*, Nova York, Citadel Press, Carol Publishing Group, 1973.

_____, *More Astral Projections*, Nova York, Citadel Press, Carol Publishing Group, 1964.

_____, *The Study and Practice of Astral Projection*, Nova York, Citadel Press, Carol Publishing Group, 1966.

Doyle, L. J., *Theological Dimensions of the Liturgy*, Trad. W. A. Jurgens, Collegeville, Mineápolis, The Liturgical Press, 1976.

Evans-Wentz, W. Y, *The Tibetan Book of the Dead*. Trad. Lama Kazi Dawa-Samdup, Nova York, Oxford University Press, 1960. [*O Livro Tibetano dos Mortos*, publicado pela Editora Pensamento, São Paulo, 1985.]

Fortman, Edmund, *The Triune God: A Historical Study of The Doctrine of the Trinity*, Filadélfia, Westminster Publishing, 1972.

Fox, Oliver. *Astral Projection*, Londres, University Books, 1962.

Garesche, Rev. Edward, S.J., *Dominican Missal*, Milwaukee, Bruce Publishing Co., 1942.

_____, *Moments with God*, Milwaukee, Bruce Publishing Co., 1942

Glaser, Berney G. e Anselm L. Strauss, *Awareness of Dying*, Hawthorne, Nova York, Aldine de Gruyter, 1969.

Golas, Thaddeus, *The Lazy Man's Guide to Enlightenment*, Palo Alto, Califórnia, Seed Center, 1972.
Goldberg, Bruce, *Past Lives – Future Lives*, Nova York, Ballantine, 1988.
_____, *The Search for Grace: The True Story of Murder and Reincarnation*, St. Paul, Mineápolis, Llewellyn Publications, 1997.
_____, *Soul Healing*, St. Paul, Mineápolis, Llewellyn Publications, 1996.
Grof e Halifax, *The Human Encounter with Death*, Nova York, E. P. Dutton, 1972.
_____, *Beyond Death: The Gates of Consciousness*, Londres, Thames & Hudson, 1980.
Guthrie, W. K. C., *Orpheus and Greek Religion*, Princeton, Princeton University Press, 1993.
Hart, Hornell, "Scientific Survival Research", *Inter. Journal of Parapsychology*, n° 9, 1967, pp. 43-52.
Hoffmann, Banesh e Helen Dukas, *Albert Einstein, Creator and Rebel*, Nova York, Plume Books, 1973.
Holck, Frederick, *Death and Eastern Thought: Understanding Death in Eastern Religions and Philosophies*, Nashville, Abingdon Press, 1974.
Howe, Quincy Jr., *Reincarnation for the Christian*, Wheaton, Illinois, Theosophical Publishing House, 1987.
Huxley, Aldous, *The Perennial Philosophy*, Nova York, Ayer Publishing, 1944. [*A Filosofia Perene*, publicado pela Editora Cultrix, São Paulo, 1991.]
Kapleau, Roshi Philip, *Awakening to Zen: The Teaching of Roshi Philip Kapleau*, Nova York, Scribner, 1997.
Kübler-Ross, Elisabeth, *On Death and Dying*, Nova York, Macmillan, 1969.
LaBerge, Stephan, *Lucid Dreaming*, Nova York, Ballantine, 1986.
Lamerton, Richard, *Care of the Dying*, Westport, Connecticut, Technomic Press, 1976.
Le Goff, Jacques, *The Birth of Purgatory*, trad. Arthur Goldhammer, Chicago, The University of Chicago Press, 1984.
Lee, Jung Young, *Death and Beyond the Eastern Perspective: A Study Based on the Bardo Thödol and the I Ching*, Nova York, Gordon and Breach, 1974.
LeShan, Lawrence, *The Medium, the Mystic and the Physicist*, Nova York, Viking Press, 1974.
Moody, Raymond Jr., *Life After Life*, Nova York, Bantam, 1975.
Monroe, Robert, *Journeys Out of the Body*, Nova York, Doubleday, 1973.
Newton, Michael, *Journey of Souls*, St. Paul, Mineápolis, Llewellyn Publications, 1995.
O'Connell, Rev. John P. e Jex Martin, orgs., *The Prayer Book*, Chicago, The Catholic Press, 1954.
Pattison, E. Mansell, *The Experience of Dying*, Englewood Cliffs, Nova Jersey, Prentice-Hall, 1991.
Perkins, James, *Through Death to Rebirth*, Wheaton, Illinois, Theosophical Publishing House, 1974.
Platão, *Euthyphro*, in *A Guided Tour to Five Works of Plato*, Mountain View, Califórnia, Mayfield Publishing Co., 1988.
Premananda, Swami, *Katha Upanishad: Dialogue of Death and Vision of Immortality*, Washington, D.C., Self Realization Fellowship, 1943.
Ring, Kenneth, *Life at Death: A Scientific Investigation of the Near-Death Experience*, Nova York, Quill, 1982.

Ritchie, G., *My Life After Dying*, Norfolk, Vancouver, Hampton Roads Publishing Co., 1991.
Sabom, Michael, *Recollections of Death: A Medical Investigation*, Nova York, Harper & Row, 1982.
Shneidman, Edwin, *Death: Current Perspectives*, Palo Alto, Califórnia, Mayfield Publishing Co., 1984.
Steiner, Rudolf, *Life Between Death and Rebirth*, Trad. R. M. Querido, Nova York, Anthroposophic Press, 1968.
Swedenborg, Emanuel, *Compendium of the Theological and Spiritual Writings of Emanuel Swedenborg*, Boston, Crosby and Nichols, 1853.
Verney, Thomas, com John Kelly, *The Secret Life of the Unborn Child*, Nova York, Summit Books, 1981.
Wilber, Ken, org., *The Holographic Paradigm and Other Paradoxes*, Boulder, Colorado, Shambhala Publications, 1982. [*O Paradigma Holográfico e Outros Paradoxos*, publicado pela Editora Cultrix, São Paulo, 1991.]
Wolf, Fred Alan, *The Body Quantum: The New Physics of Body, Mind and Health*, Nova York, Macmillan Pub. Co., 1986.